曼陀羅國神不敬事件の眞相

昭和法難・血涙の祕史

小笠原日堂著

放送中の著者　（於京都放送局）

＊　表紙におけるサブタイトルは「戦時下宗教弾圧受難の血涙記」、このサブタイトルは、本扉のものとは異なっている。

＊＊　第三版（大本山本能寺出版部、一九八四）では、タイトルに「まんだらこくしんふけいじけんのしんそう」というルビが施されている。なお、「国神」については、「くにつかみ」（国つ神）とも読める。

＊＊＊　著者の写真は、一九三九年（昭和一四）一〇月一八日に、「海外布教の日持上人」について、京都放送局から全国放送をおこなったときのものと思われる。

――戰時下ノ赤十字運動――

（法華宗が前線に送れる傷病兵輸送自動車）

――故 岡本管長墓前へ無罪ノ判決報告――

株橋諦秀師　松井正純師
苅谷日任師　原眞平先生
小笠原日堂（著者）　岡村日晴貫首
石田音吉氏　三吉日照師

（昭和十九年初秋本能寺に於て）

＊　口絵自動車は、『護り貫いた信心の燈』（法華宗宗務院、一九九一）の巻頭にあったものを使用。原版の口絵には、右書きで、不鮮明なキャプションがあり、「患者運搬車報国／第一一号（法華宗富士号）／第一二号（法華宗神奈川号）／第一三号（法華宗東京号）／第一四号（法華宗妙風号）／第一五号（法華宗四国号）／（患者運搬車」海軍省」と判読できる。

＊＊　口絵集合写真は、『護り貫いた信心の燈』の巻頭にあったものを使用。

故　岡本日盛上人

故　原眞平先生

この小著を兩恩師の靈位に捧ぐ…………

小笠原日堂

目次

序の巻（豫言的中）

正宗の巻（獄中獄外）

流通の巻（公場對決）

附　　録

法難史の教訓

新村出*

昔から和漢共に、歴史をカガミと名づけ、鑑の字や鏡の字をかき、過去の過失にカンガミて、現代および將來の參照に供する屈強の材料に資したものである。この意味において、史實にしても、史籍にしても、物語にしても、小説にしても、傳説にしても、過去の事相を記《し》るしたもの、こちらの智力を以て、眼光の紙背に徹するにおいては、一身一家一社會一國家に有益ならざるはない。

中國の通鑑《つがん》**にしても、本朝の大鏡や增鏡、さては吾妻鏡《あずまかがみ》、等々のカガミの字をつけた史籍の名稱みなこれ編者が往事にかんがみて現在と未來の過失を豫想し、過誤に陷らざらしめんとするの用意

* 新村出　新村（しんむらいずる）の署名である。

** 通鑑　資治通鑑（しじつがん）を指す。

に出たものに外ならない。

もちろん史書のみには止まらず、法を說ける宗教なり哲學なり道德書なり、皆悉くこれ人生を反省し深慮し警醒し、惡を戒め善を勸むるための規準たることに、何人も異存はないわけであるけれども、事實に即して說ける史書の方が、遙かに適切なる材料たることも疑わない。

泰西の名著として、ギボンの羅馬《ろーま》衰亡史のごとき、いづれも一國の存亡と興廢とに對しての無上道を說きたるものと稱しても差支ないと思う。

而して東西古今に亙つて、政治上にも、思想上にも、宗教界には特に顯著なる迫害や彈壓や刑罰やが行われて、却《かえつ》て逆効果を來たした所の事例の甚だ多きことは、今さら列擧する必要はない。之を本邦の佛教史に徵し、之を歐亞の異教史に鑑みて、教學界における幾多の迫害史を回顧して考察するところ、*法華宗の高祖および高弟ならびに信徒が受けたる受難の歷史をはじめ、近世に在りて吉利支丹の師徒が閱《け》みしたる迫害のごとき、向後の立法家さては爲政家、學者にも、評家にも、實に無二の鏡鑑《きようかん》となるべきものが、甚だ多いのである。ひとり宗教家のみならず、信教者のみなら

＊ するところ　行頭の一字アキは原文のまま。

ず、政治上また思想上にも、科學研究にも、哲學研究にも、能所《のうじょ》*均しく、支配階級となく、被支配階級となく、法難の歴史的研究、またその叙述、その評論、その批判は、多大なる貢献をもたらすものとせねばならぬ。

昭和法難とも稱せられる所の曼陀羅《まんだら》國神《こくしん》**不敬事件の眞相の如きも、單に日蓮上人の信徒、法華經の信奉者のみを奮勵せしむるばかりではなく、普《あま》ねく佛教界、宗派の如何を問わず、各宗の僧俗にも、且つまた他教の信者にも、好箇の參照的史鑑となること疑ない。それぱかりか、爲政家をして、向後一切の迫害禁壓の念慮に對して、反省、警醒、達觀せしむるに足るものを含蓄せる點において、教法界のみか、非教法界の衆生《しゅじょう》にも、詳讀味讀を薦めたいと思う。われら三寶を篤敬するもの、老若の別なく、新舊の差なく、般若の理智に徹せんと欲し、明達の哲道を求むるもの、何れの書か、向上の一路たらざるはなかろうぞ。

(昭和二四、九、三〇)

＊ 能所 作為する者、作為を受ける者の意。

＊＊ 国神 第三版の本扉にしたがって、「こくしん」とルビを振っておいた。

はしがき

一九四一年七月八日、夜更沈深、唱題三昧裡、絶食既に七日、獄窓に端座して待つ、滿願數時間後に迫る現世生命の最後臨終を。

――昭和法難回顧錄――

右は昭和十六年、奇しくも日本敗亡の戰爭と同年に起った日蓮聖人曼陀羅國神不敬問題に當り、軍閥政權の爲め彈壓の的となつた所謂法華宗《ほつけしゆう》昭和法難事件に際し、死を以て解決せんとした私の獄中回顧錄の一節であります。

本事件は日蓮聖人圖顯《ずけん》曼陀羅中の國神天照太神*に對し、日本皇祖神を冒瀆するものとして不敬罪を以て政府から告發されたもので、從來の法論等に因《よ》る法難とは本質を異にする日蓮宗史七百年未《み》曾《ぞ》有《う》の事件でありました。

其の根本には近く迫つてゐる本門事の戒壇建立《こんりゆう》の前提として、日本人自ら解決しなければならぬ「神とは何ぞ」「佛とは何ぞ」の大問題が含まれ、之が解明なくしては日本の本國土妙開顯《ほんこくどみようかいけん》は有り得ない、この一大事因緣を悟つた私等は、本國土の正法《しようぼう》なき處、諸天の加護なく遂に日本の敗亡必來

* 天照太神　高天原（たかまがはら）の主神にして、皇室の祖神。「天照大神」と書くことが多い。読みは、「あまてらすおおみかみ」であるが、仏教においては、「てんじょうだいじん」と読むことがある。

せんと、強く折伏《しやくぶく》し、戰時中を通して一審――控訴院――大審院とあらゆる迫害を排して、公場對決を鬪つて來たのであります。併し戰爭中は極端な言論抑壓で國民の耳目《じもく》を塞《ふさ》いだ時の事なので世間一般は元より、法華宗内部日蓮門下同志の間でさえ餘り知つていない、否、知らされていない（却つて總司令部ではよく知つていて戰時中軍閥政府に彈壓を受けて屈しなかつた特例の佛教宗團と言われた）事件でありますが、本件は後述する樣に日蓮聖人の豫言し玉《たま》える遺弟無慈悲の讒言の現證になり、引いては世界寂光《じやつこう》化の源泉たる本門事の戒壇建立の前兆となるものと信解されますので、潜越乍《なが》ら私の體驗回顧錄を辿《たど》り所謂曼荼羅國神不敬事件なるものゝ眞相概要を發表する次第であります。
ただ、多忙のため、限られた時間と、縮少された頁數のため、所期の半分も書けない許《ばか》りか、推敲の暇もなく――粗文のまゝ出さゞるを得なかつた點――後日の精補を期して、御寛恕を御願いします。

總司令部の宗教に關する占領報告書

「日本の宗教」*（文部省宗教研究會譯）の中に「日本の場合で、他に類のないことは神道という國家教の强調である。天皇や天照大神を、また神道の八百萬神《やおよろずのかみ》の禮拜を、自分たちの個人的信仰より

＊「日本の宗教」連合軍総司令部民間情報教育部宗教文化資料課編・文部省宗教研究会訳『日本の宗教』（大東出版社、一九四八）のこと。

上に置くほど行き過ぎることを躊躇した佛教信者、教派神道者および基督教徒もあつたが、大多數の者は、何か心に隠すところはあつたかも知れないが、ともかく言われるまゝにした」と指摘されています。

全く、過去の日本人の信仰は、いく度びかこの暴壓支配階級の守護神に擬せられた天照太神との衝突の爲め苦しめられてきたことか。

日蓮聖人はこの謗國《ぼうこく》の守護神を評して、

〝僅《わずか》の天照太神正八幡《しょうはちまん》なむと申すは此國には重けれども、梵釋、日月《にちがつ》、四天*に對すれば小神ぞかし……(日蓮は)教主釋尊の御使なれば　天照太神、正八幡宮も頭を傾ぶけ、手を合せて地に伏し給ふべき事也〟

と叱咤せられています。**

然し、聖人が天照佛と稱し本師の娑婆世界の表象とせられた天照太神の本質は如何《いかが》なものでありましようか、それはやがて武裝なき、絶對平和國家眞日本の出來上つたときに、歴史の必然的歩みが實證してくれることと信じます。

法界は一大曼陀羅であります。大觀すれば、善と謂《い》い、惡と謂い、絶對法界意志の相對界顯現《けんげん》へ

＊　梵釈、日月、四天　「梵天帝釈、日月天子、四大天王」のことであろう。なお、原著二五ページ参照。

＊＊　叱咤せられています　出典は、『種種御振舞御書』(しゅじゅおんふるまいごしょ)と思われる。

の過程……表裏でありましよう。意識すると否とにかゝわらず、各々の役割を行ずる菩薩遊戯三昧《さんまい》——と尊く拜まれるのであります。

本著は筆者の過去に對しての懺悔であり、現在に於ての反省精進であり、將來えの悲願の記録であります。

本書に就て、學界の耆宿《きしゆく》　新村出《しんむらいずる》博士から、含蓄深き推奬の文を賜つたことは感激に堪えないところであります。

又、上梓に際し資料を與へられた三吉日照、苅谷日任《にちにん》、松井正純、株橋諦秀《たいしゆう》等當時受難の諸師、並に小畠啓孝、有原良本、吉田吉氏等の御協力によつたことをこゝに記し、感謝をさゝげます。

尚、文中の氏名に敬稱を省略した箇所は、本書記録の性質上御許しを得たいと存じます。

昭和二十四年秋

小笠原日堂

『序の巻』（豫言的中）

一　佛陀の豫言

――鬪諍堅固　白法隱沒――

〃春は花咲き秋は果成《このみ》る〃春の花を見て秋の成果が分る者は秋の豫言者である。それは春秋を貫く因果一双の理を徹見出來る者にとつては何の奇蹟でも不思議でもない。大聖釋尊は三世を了得し十方に通達した久遠《くおん》の佛智を以て、入滅後を大體五百年宛五つの世期に分けて、佛教信仰の消長と之に伴ふ社會現象の變遷を詳しく豫言してゐるが、歴史は全くその通りに展開されているのにはたゞく驚歎の外はない。

前四箇の五百歳說については又別の機會にゆづり、茲《ここ》ではわれくに直接關係ある第五の五百歳即ち末法《まつぼう》の始《はじめ》に起る現象について語ろう。

この末法の始めの五百歳は闘諍堅固白法隱沒《とうじょうけんごびゃくほうおんもつ》と豫言され、一切の唯心的教法は力を失い、科學に迷い込んだ唯物思想は物の支配と所有とを繞《めぐ》つて激しく對立し、個人も國家も社會も世界も一切闘爭の一色を以て覆われる時代となる。而もこの闘爭は先づ佛法の中から始まるとハツキリ釋尊が指摘している。果せる哉《かな》、當時佛教の主流國である日本に於て人皇七十代御冷泉《ごれいぜい》帝の永承の頃「入末法」の鐘が鳴ると忽然、柔和忍辱《にんにく》の衣を著《き》た坊さんがコロモの上に鎧《よろい》をつけて現れ、弓を張り薙刀《なぎなた》を振り廻し、南都北嶺高野に屯《たむろ》し日本主要區域を暴れ巡つた。血腥《ちなまぐさ》い修羅《しゅら》の巷《ちまた》がくり返され流石の天皇も山法師《やまほうし》（僧兵）だけには手がつけられないと嘆いたことは、史上有名な話である。どうして忍辱の衣の中から凡そ正反對な殺生《せっしょう》武僧が出てくる事が二千年も昔に分つたであろう。只々佛智《ぶっち》の測り難い深さに恐れ入る許りである。

併し之等は未だ〱闘諍《とうじょう》の序の口だ。我《わが》佛法の中から發した闘爭の前兆が次第に擴大して——國家——社會——階級——と全世界が對立し、闘爭し、決戰し、遂に世界人類は自らを自らの發明せる闘爭武器を以て清算する悲慘なる運命に立ち到らねばならない、これが闘諍堅固の最後の總決算、日蓮聖人の豫言された一閻浮提《いちえんぶだい》未曾有の大闘諍戰なのである。

現代は正に最後突入の前夜にある事は、世界は完全に二つの陣營に對立し、一度《ひとた》び發すれば人類文化を一瞬にして木ツ端微塵《こっぱみじん》にする原子兵器が既に用意され、否應《いやおう》なしに決戰々々と驅り立てられてゐる現勢が明らかに語つている。第一次世界戰爭もこの間の第二次世界戰爭も、滿洲事變も、支那事變も、皆必然の道をこの最後の清算戰爭へ連鎖して前哨戰を行つてゐるに過ぎない。

大聖釋尊はこの人類文明の自殺的沒落の必然性を見通《みと》うされ、大慈大悲の佛心からその救濟法として一切の白法《びやくほう》*が隱沒して後、出現する大白法《だいびやくほう》、本門**の妙法蓮華經《みょうほうれんげきょう》を用意され、其活用と一切の對策を本化《ほんげ》の弟子たる上行菩薩《じょうぎょう》に付屬せられた。上行菩薩は佛の豫言通り末法に入つて百七十一年目と信ぜられる頃、印度《いんど》の東北と豫言された日本に生れた日蓮聖人その人である。

二　聖日蓮の豫言

――事の戒壇建立――

日蓮聖人は末法の救世主として本門の南無妙法蓮華經を高く掲げられ、其具體的實踐として三大秘法を樹《た》てられたのが、即ち本門ノ本尊、本門ノ題目、本門ノ戒壇、の三つである。その中で本尊と題目は聖人御在世中に具現されたが、戒壇は「時を待つべきのみ」と滅後に殘されたのであつた。そ

＊　白法　正しい教えを意味する仏教用語。

＊＊　本門　法華経二十八品（ほん）のうち、後半の十四品を指す。

の時とは闘諍堅固の最後の清算、即ち一閻浮提未曾有の世界大戦争の起る事で、其時、本化上行菩薩は再び地上に應現《おうげん》されて靈界の聖力と法華信徒の不惜身命《ふしやくしんみよう》、異體同心の信力を以て、避くべからざる破滅の業火《ごうか》に慄《おのの》く世界人類を一齊《いつせい》に懺悔《ざんげ》滅罪《めつざい》せしめる本門事の戒壇を築き、一擧に世界の絶對平和寂光土化を計ることになつている。

處で茲で考えねばならぬ事は闘諍堅固という現象は如何にして起つたかというに、科學的に見れば偏理に基く唯物思想の自業自得の結果と言われるが、之を精神的に見れば修羅以下三惡道の惡業欲の發現であつて、第六天の魔王の乗ずる好機であり、闘爭の指導者は惡鬼入其身《あつきそのみにいる》となるのである。

惡鬼其の身に入れる指導者共が戒壇建立の機運が近付くと愈々猛烈に先づ其設計圖たる曼陀羅本尊を打ち壊す爲めに、殊に戒壇建立の中心たる國神にからんで襲ひかゝつて來た。之が日蓮本尊不敬事件である。

之について勿論外部には軍閥の指導によるフアツシヨの思想彈壓あり、之に驅使《くし》されてゐる檢察官僚が虎視耽々*と狙つているのであるから、機は充分熟していたと見るべきであるが、併しいくら外部の機が熟しても內部から之に應じるものがなければ火が燃え上がらない。茲《ここ》に本門戒壇成就の前驅として深き日蓮大聖の計《はからい》たる「門家の遺弟等定めて無慈悲の讒言《ざんげん》を加うらん」の豫言が否《いや》でも應《おう》で

＊ 虎視耽々　一般的には「虎視眈眈」（こしたんたん）。

も越えねばならない一關として横たわっているのである。

三　三大秘法鈔の遺誡

三大秘法鈔は日蓮聖人が滅後に殘された戒壇建立に就て始めて全貌を明らかにされた唯一の遺書で、「一見ノ後秘シテ他見アルベカラズ口外モ詮《せん》ナシ*之ヲ秘スベシ之ヲ秘スベシ」と嚴重な制戒を加へ御入滅一年前に信者の太田乘明金吾へ委託された極めて重要な御鈔《おんしょう》である。この御鈔を書き殘された所以は聖人自ら、

「予年來己心ニ秘スト雖モ此法門ヲ書キ付ケテ留メ置カズンバ、門家ノ遺弟等定メテ無慈悲ノ讒言ヲ加フベシ。其後ハ何ト悔ユルトモ叶フマジキト存スル間、貴邊ニ對シ書キ送リ候」云々

と仰せある如く、後年門家の遺弟中に必ず日蓮聖人の眞意に對し、無慈悲な讒言を加へる者の出てくる事を豫言し其後の處置として書き留められたものである。然らば一體無慈悲の讒言とは何んであろうか、讒言とは鎌倉時代によく用ゐられた讒訴や讒人と同意義語で、單なる惡口《あっこう》誹謗でなく、時の政府若くは檢察當局とか權力機關に對し、虚構の罪狀を申し立て司法權の發動を要求する事で

＊詮ナシ　「無益である」の意。

ある。次に無慈悲とは何《ど》んなことであろうか。

無慈悲とは情けも何にもない最も惨酷な仕業《しわざ》を意味する。日蓮聖人にとつて何にが一番情けない無慈悲な事であろうか。言ふまでもなく聖人の魂とするものを無視蹂躙《じゅうりん》されることである。日蓮が魂は薄し墨に書き流した曼陀羅本門ノ本尊である。其本尊の中樞たる

南無妙法蓮華經｛天照太神 八幡大菩薩｝日蓮

の中柱が抹殺され、覆《くつがへ》される事程、聖人にとつて耐え難い無慈悲な所業はない。而もかゝる無慈悲の讒言が他からではなく信眼を失つた日蓮の遺弟の中から加えられることは聖人として何としても忍び難いことであるから、其時の證據として「所居《しょご》の土は寂光本有《ほんぬ》の國土なり」と定判――勅宣と靈山淨土に似たらん最勝の地と此の言葉を以て本國土妙日本を明示――以て本尊中の兩神を絶對に削除すべからざる嚴誡を書き殘されたものと拜される。

併し大事な事は文證よりも現證だ。果してかゝる不孝な無慈悲な遺弟が現れたであろうか。現はれたとも、如實に現われた。

「一閻浮提第一の本尊の立つ」、此國と戒壇とが表裏一體である事を忘れ、築壇の目標を失い、さては第六天の迫害に脅かされ、遂に身延會議*の如く「觸らぬ神に祟りなし」で、戒壇建立の本國土の表現たる國神を削除して、何等憚《はばか》らざる無慈悲が行われ、却て之を死守する者には不敬罪を以て官憲に讒言する者の出現、之が三大秘法鈔の現證に非《あら》ずして何んであろうか。

又本門法華宗教義綱要**の一節をとり上げ、曼陀羅國神不敬事件として軍、官憲に讒訴《ざんそ》したのは、實に法華宗と稱し日蓮門下と名乘る遺弟の中から出たのである。

之等は皆、時來つて三大秘法の重大義を顯發せんとする本佛深秘《じんぴ》の計と信ずる。

かくして三大秘法鈔の豫言は完全に適中し、法華宗の法難は到底免れない立場に立ち到つた。

四　ファツショ日蓮主義

昭和七年五月十五日、午後五時二十七分。

首相官邸に闖入《ちんにゆう》した陸海軍青年將校の一團――「話せば分るではないか」と言ふ犬養首相に對して、「問答無用!!　撃て撃!***」と連呼、轟然《ごうぜん》拳銃が火を吐いて、あわれ老首相は血の吹く頭を抱えてよろ

＊　身延会議　一九三九年(昭和一四)、日蓮宗の望月日謙管長が、身延の久遠寺(くおんじ)に日蓮門下の代表約一〇〇名を招集し、曼陀羅より国神を削除することを決議。本門法華宗は、この決議を拒絶した。

＊＊　本門法華宗教義綱要　原著三一ページ参照。

＊＊＊　撃て撃　「撃て撃て」の誤植か。

めいた。所謂五、一五事件。

この拳銃の弔音を機に日本の政黨政治は終焉をとげ、日本フアツシヨの波が急激に高まつてきた。翌八年には爆撃機參加を企劃した民間神兵隊事件《しんぺいたいじけん》*が起り、十年には軍閥內部の抗爭を暴露した永田軍務局長斬殺の相澤事件が現われ、世情騷然たる裡、遂に昭和十一年の二月二十六日、雪中に蹶起した東京麻布聯隊を中心とした軍隊の暴動反亂となり、政府の大官が襲擊され、齋藤、高橋、渡邊等の元老重臣が殺害され、而も反軍はそのまゝ帝都の一角を占據し、完全に內亂——自界叛逆《ほんぎやく》——の様相を現出した。

これら一連のフアツシヨの火蓋《ひぶた》を切つたものは實に昭和六年の暮から、七年の春にかけて起つた血盟團事件で、その盟主は井上日召であつた。

彼は自ら日蓮の行者と稱し、水戶大洗《おおあらい》の立正護國堂に籠り、彼をとりまく青年、學生、將校軍人等に熱烈な日蓮主義を吹きこんだ。彼等はフアツシヨによる日本革命を企圖し、その殉教的信念を養ふため、好んで日蓮の國家的、殉教的遺文を撰んで情熱的に鼓吹《こすい》したのであつた。

立正安國、不惜身命、武裝持戒、一殺多生《いつせつたしよう》等の日蓮の遺文、思想は、これらの諸事件に活躍した中堅幹部の信念の裏付けとして、公判廷で堂々と陳べられたので俄然世間の視聽を惹《ひ》き、國家の各

＊ 神兵隊事件　愛国勤労党の天野辰夫らを中心とするクーデター未遂事件。一九三三年（昭和八）七月一一日に決行の予定だったが、その前日に検挙された。

機關も日蓮の教義に對して、單なる宗教としてでなく、異る觀點から注目し始めた。

丁度その頃、首相官邸の玄關で一人の青年が、「死のう」と一聲高く叫んで、隱し持つた短刀で腹を切つた事件があり、*他にもこんな事が二三あつたので、手を入れてみると京濱の某地に籠る「死のう」團の一味で、彼等は朝夕熱狂的に法華の題目を唱へ日蓮の遺文を誦し、國家革新に不惜身命を誓ふ狂信青年の一團であつた。

一殺多生をふりかざすファッショのテロ**に怯えてゐる支配階級が愈々、日蓮なるものに不氣味を感じたのも無理でなかつた。日蓮を警戒しろ!! 善きにつけ、惡しきにつけ日蓮への關心は次第に高まり、曼陀羅國神不敬事件發生の世間的舞臺は徐々に準備されて行つた。

日蓮聖人は日蓮を利用する左右兩翼を戒めて——**日蓮を用ひぬるとも、惡しく、敬わば國亡ぶべし**——と。

五　神官　德重三郎、日蓮曼陀羅禁止を訴う

日蓮の遺文が漸く世の視聽を集めてきた處、今度はその生命ともいうべき本尊曼陀羅問題が登場

* 腹を切った事件があり　「死のう団」の団員による集団割腹事件が起きたのは、一九三七年(昭和一二)二月一七日。

** テロ　血盟団の団員よる一連のテロを指している。

してきた。而も無慈悲の讒言の標的である天照、八幡の國神がクローズアップされて、その第一陣は奇しくも、佛教排撃の急先鋒、日本軍國主義の御先棒とみられた神道の徳重三郎から投ぜられたのであつた。

徳重は兵庫の神職會の會長であつたが、昭和十二年、突如日蓮圖顯の曼陀羅中に天照太神、八幡大菩薩を勸請《かんじょう》し、而もお題目の下部に掲げてあるは國神を侮辱する不敬であり、且つ又明治初年發布の太政官令*に背くものであると——最初は神戸の裁判所へ訴えた。その太政官令といふのは、日蓮宗に對して「その宗の本尊に神號を書き入れることは罷りならぬ」との達令であつたが、これは明治維新の際、神道を國教としようとした神佛分離の政策から出た彈壓命令であつたが、間もなく政府もその非を悟り、神道國教方針を放棄し、宗教のことは、凡てその宗派の自治に任せるという明治十七年の教導職廢止の時、自然消滅になつているので、裁判所も今更とりあげる根據もなく自然却下になつた。

徳重は却《かえつ》て激昂し「速かに日蓮曼陀羅を禁止すべし」とする印刷物を全國市町村長及び小學校々長へ配布したが、さして反響も得られなかつたので、今度は更に政府要路、軍部、裁判所檢事局、貴衆の兩議院へ配布し、日蓮曼陀羅に對する朝野の輿論《よろん》を煽《あお》り立てたのであつた。

＊ 太政官令　一八六八年(明治元)の「太政官より法華宗諸本寺へ達」を指す。「太政官より法華宗諸本寺へ達　明治元年十月十八日／王政御復古、更始維新之折柄、神仏混淆之儀御廃止被仰出候処、於其宗ハ、従来三十番神ト称シ、皇祖太神ヲ奉始、其他之神祇ヲ配祠シ、且曼陀羅ト唱ヘ候内ハ、天照皇太神八幡太神等之御神号ヲ書加ヘ、剰ヘ死体ニ相著セ(きせ)候経帷子(きょうかたびら)等ニモ神号ヲ相認(したため)候事、実ニ不謂(いわれぬ)次第ニ付、向後禁止被仰出候間、総テ神祇之称号決テ相混ジ不申様、屹度(きっと)相心得、宗派末々迄不洩様、可相達旨御

かくして前にファッショ右翼の日蓮遺文曲用により今亦、神官から曼陀羅不敬誹謗により本事件の序幕が徐々に開かれていつた。

六　本門法華宗教義綱要事件

——所謂鬼畜事件——

無慈悲の讒言による法難の白羽の矢を立てられた本門法華宗とはそも如何なる宗團か、一往裁判所の調書から要記してみよう。

「本門法華宗(昭和十六年三月二十八日、本妙法華宗、法華宗と合同して、法華宗と改稱す) ハ僧日蓮が建長五年 (今より約六百九十年前) ニ開基シタル日蓮宗ノ一分派ニシテ應永ノ頃 (今より約五百二十餘年前) 僧日隆*が興隆シタルモノニ係リ、妙法體内本迹《ほんじやく》法華經中、本門八品ヲ以テ最勝骨髄ノ教義ナリトシ、之ヲ宗旨トシ、本尊ハ日蓮ノ奠定《てんてい》圖顯セル十界勸請ノ曼陀羅、即チ中央ニ南無妙法蓮華經、其左右ノ上下ニ十界ノ聖衆トシテ釋加牟尼《しやかむに》佛、多寳如來(佛界)以下上行菩薩等本化迹《しやつ》化《け》ノ菩薩ハ菩薩界ニ、迦葉阿難《かしようあなん》**等ハ聲聞縁覺《しようもんえんがく》ノ二乗界ニ、梵王《ぼんおう》、帝釋《たいしやく》、魔王等ハ天界ニ、轉輪聖王《てんりんじようおう》

沙汰事、／但是迄祭来候神像等、於其宗派設候分ハ、速ニ可致焼却候、若又由緒有之、往古ヨリ在来之分ヲ相祭候類ハ、夫々取調、神祇官へ可伺出候事」。

* 日隆　室町時代の日蓮宗の僧侶。法華宗本門流、本門仏立宗などの祖。

** 迦葉阿難　シャカの弟子であった迦葉(マハーカーシャパ)および阿難(アーナンダ)を指す。

阿闍世《あじやせ》王《おう》等ハ人界《にんがい》ニ、阿修羅《あしゆら》ハ修羅界、八龍王ハ畜生界、鬼子母神《きしもじん》十羅刹女《じゆうらせつによ》ハ餓鬼界、提婆達多《だいばだつた》ハ地獄界ニ、夫々《それぞれ》勸請シ、尚天照太神*八幡大菩薩ノ御神號ヲ掲ゲタルモノヲ以テ本尊トシテ信仰ノ對象トシ、宗務廳ヲ東京ニ設ケテ宗務一切ヲ總攬シ、宗內僧侶ノ教育機關トシテ、尼崎本興寺《ほんこうじ》內ニ宗立學校ヲ設ケテ宗義ヲ宣布シ、右本興寺外本能寺、鷲山寺《じゆせんじ》、光長寺、妙蓮寺等五大本山ノ下ニ末寺教會所約六百ヲ有シ、信徒、數十萬ヲ稱ヘ來リタルモノナルトコロ……」と宗門の輪廓が陳べられてある。又問題の本門法華宗教義綱要の發刊の徑路と不敬の箇所について、

本門法華宗ハ從來教義綱要ニ關シ未ダ一定ノ基本タルベキ教義確立ノ著述無キヲ遺憾トシ、宗祖日蓮ノ遺文並ニ門祖日隆ノ遺著等ニ基キ、之ヲ解説シテ同宗ノ教學ノ綱要概説ノ編纂ヲ企テ、之ヲ同宗ノ學者、大阪河內ノ本信寺住職デ當時學林ノ宗學教授デアツタ苅谷日任ニ委託シ、苅谷ハ苦心研究十餘年ノ歳月ヲ經テ、漸ク脱稿、昭和十一年七月二十五日、本門法華宗宗務廳ノ名義ヲ以テ發行セル處

該書（本門法華宗教義綱要）中第四宗要門第四節本門ノ本尊部ニ於テ本尊圖顯諸尊分別ヲ解説スルニ當リ、

日隆著、私新抄第五本尊具足十界事中ノ一節ヲ引用シ

＊　天照太神　原文のまま。裁判関係の書類では、「天照大神」と表記されているので、ここは厳密に言えば、「天照大神」とあるべきところである。

私新抄ニ十界ノ聖衆ノ當位ヲ分別シテ「中尊ハ南無妙法蓮華經ト題シ奉ルハ惣名惣體ナリ、此ノ總持ノ題目ヨリ十界ヲ出生セリ、所以ニ釋迦多寶三世十方ノ諸佛ハ佛界ナリ、上行等本化迹化ノ菩薩ハ菩薩界ナリ、迦葉阿難ノ尊者ハ聲聞縁覺ノ二乘界ナリ、梵王帝釋魔王、日月天子《にちがってんじ》*、四大天主ハ即チ天界ナリ、轉輪聖王阿闍世王等ハ人界、阿修羅王ハ修羅界、八龍王ハ畜生界、鬼子母神十攝刹女ハ餓鬼界、惡逆ノ提婆達多ハ地獄界ノ手本ナリ、然ルニ不動愛染ノ攝屬思ヒ難シ、强ヒテ之ヲ言ハバ天部ナル故ニ天界ニ屬スベシ。

天照太神**等ノ諸神ハ內證ニ隨ヘバ、佛菩薩ノ二界ニ攝《せつ》スベク、現相ヲ以テ言ハヾ鬼畜ニ攝スベシ、是レ十界本有《じっかいほんぬ》ノ曼陀羅ナリ」云々トアリ

此等九法界ノ衆生ハ悉ク本化上行菩薩ノ體內ニ宛然《おんねん》トシテアリ本因妙信心位ニ居シテ當位ヲ改メスシテ本有ノ尊形《そんぎょう》ヲ顯スノデアル***」

ト記述シ以ツテ我ガ　天照大神ニ對シ奉リ內證現相ノ兩方面ヨリ之ガ十界ノ攝屬ヲ論ジ、天照太神****ハ現相即チチ*****現實ノ相ヨリ之ヲ觀察シ奉ラバ佛教々學上貪慾《とんよく》ヲ表徵スル餓鬼界及ヒ愚痴ヲ表徵スル畜生界ノ二界ニ攝スル衆生ニテ在《ま》シマシ、其ノ當位ヲ改メ給ハズシテ南無妙法蓮華經ノ體內ニ包攝セラレ給フ旨ノ解說ヲ爲シ、以テ畏《かしこ》クモ我國民絕對尊崇ノ******

* 日月天子　日天子（にってんじ）および月天子（がってんじ）。

** 天照太神　前ページ注に同じ。

*** ノデアル」　このカギカッコに対応するカギカッコがない。前の行の行頭にあるべきものが、脱落したか。

**** 天照太神　前ページ注に同じ。

***** 即チチ　「即チ」の誤植であろう。

****** 尊崇ノ　改行は原文のまま。

天照大神ノ御神徳ヲ冒瀆シ、大神ヲ御祭神トスル　皇大神宮ニ對シ奉《たてまつ》リ不敬ノ行爲ヲ爲シタルモノ……（以上豫審終結決定書）と判定している。

結局「天照太神*ノ諸神ハ內證ニ隨ヘバ、佛菩薩ノ二界ニ攝スベク、現相ヲ以テ之ヲ言ハバ、鬼畜ニ攝スベシ……」この現相鬼畜に攝したことが、天照大神に對する御神徳を冒瀆し、神宮に不敬の行爲を爲したるものとの斷定になつているが、茲に故意か偶然か、用語上の重大な過誤が伏線となつている。即ち內證と現相の語義を最初から誤釋されていることだ。宗教學上の用語に從て、すなおに上文を解すれば、

〝本尊ニ十界ヲ具足スルトイウ見地カラ一往《いちおう》本尊ニ顯レテイル諸尊號ヲ十界ニ分別シテ當テハメテミルト、十界トハ總持ノ題目カラ出生シタモノダ、即チ釋迦多寶カラ……提婆達多ハ地獄界ノ手本ナリ……マデハ十界ノ代表ヲ擧ゲ、之デ十界衆生世間ガ了ツテイル、然ルニ五陰世間ノ表現ニ屬スベキ愛染《あいぜん》不動ヲモ十界中ニ攝屬サセルノハ無理ジヤガ、強イテ之ヲ言ハバ天界ニ屬スベシ、天照大神八幡大菩薩ノ諸神ハ元々國土世間ノ表現デ、十界ノ衆生ニ入ルベキデハナイガ、一個ノ國神トシテ衆生ニ入レテ之ヲ見タ時、法華經ノ內證（サトリ）ニ隨ヘバ、本國土ノ神デアルカラ、天照大神ハ佛界、八幡大菩薩ハ菩薩界ニ入ル（このことは日蓮の遺文、又本尊中に天照佛、八幡大菩薩の語あ

＊　天照太神　二四ページ注に同じ。なお、このあたり、「天照太神」と「天照大神」が混在しているが、すべて原文のままである。

るをみても明白である）然シ世間ノ現相說ヲ以テ言ヘバ（現相といふのは內證の反對語で法華經以外の現世的見解――例えば古事記、日本書紀、愚管抄、太平記その他世間一般の傳承の神典故說）では明白に――天照大神八幡大菩薩ヲ鬼神龍神トシテトリ扱ツテイルカラ從テ鬼畜ニ入ルコトトナル〟ということで、內證は日隆上人の信仰的見解を語り現相は之に對する世間說を擧げ、佛菩薩說を以て鬼畜說を打破したものである。

一體國神を鬼神龍神と見る現相思想は旣に鎌倉時代以前からあり、日蓮聖人は月水御書の中で

〝神を鬼神等とする辟見《びやくけん》*〟

として打破してあるが、この現相說は室町時代に入つて益々旺《さか》んになり、本國土妙を忘れた當時の日蓮門流も之に侵され、天照八幡の兩國神を論ずるもの殆ど鬼畜人天說で、內證佛菩薩を擧げて、現相鬼畜說と對照し、內證眞實を示したのは日蓮聖人の正流再興を生涯の使命とした日隆上人一人で、他に之を見なかつたのは特に注目に價するところである。

起訴理由書に

〝天照大神ニ對シ奉リ、內證現相ノ兩方面ヨリ之ガ十界ノ攝屬ヲ論ジ　天照大神ハ現相即チ現實ノ相ヨリ之ヲ觀察シ奉ラバ〟

＊辟見　僻見に同じ。「かたよった見方」の意。辟は僻に通ず。

とあるが、現相を即ち現實の相《すがた》とした事は如何なることであるか、常識的に考えても高天原の天照大神の現實の姿を誰れがどうして觀察し奉ることが出來るか、何にかの文献に表現せられたものによる以外不可能であろう。然るに古事、神典、傳習によれば鬼神龍神として畏敬している事は事實である。然らば鬼畜の攝屬に入るのも當然ではなかろうか。

內證を眞實とすることは佛家の常道である。檢事が日隆の眞實とする內證說たる(而も當時日隆一人のみ)佛、菩薩說を故意に無視し、これには一言も觸れず、却つて日隆の對破した〝佛教々學上貪慾ヲ表徵スル餓鬼界及ヒ愚痴ヲ表徵スル畜生界ノ二界ニ攝スル衆生ニ在シマシ〟の世俗現相論を擧げて日隆の責に嫁したことは、單に佛教宗義を知らざる俗見から出た過《あやま》りばかりでなく、時代の流れに阿附《あふ》して何にかコジツケようとする無理が見える。

も一つ重大な國家的矛盾を侵している——即ち憲法上の信仰の自由と皇大神宮との關係である。宗教上の天照大神と國家祭祀の皇大神宮《こうたいじんぐう》の天照大神との同異如何ということである。

從來、日本國家としては皇大神宮の天照大神はあらゆる宗教を超越したそれらと全然別個な皇祖神であるとし、故に如何なる宗教的信仰の對象にもならぬから、國民の齊しく崇敬の對象としてきたのである。若《も》し宗教上のそれと神宮とは同一神というなら、天照大神を本尊とする宗派は即國教となつて憲法の信仰自由と矛盾してくる。故に神宮司廳*では「現今新興宗教等に於て、天照大神或は諾冉二神**等を御祭神とするものがあるが、その天照大神は伊勢に鎮《しずま》ります天照坐皇大御神《あまてらしますすめおおみかみ》とは全然全個***なものである。故にかゝる場合はこれらの神を崇敬しないからとて咎《とが》めらるべきではない」と發表して明らかに別個のものとしてある。

然るに本事件は時流の横車を押してこの原則を破り、曼陀羅の國神を以て皇大神宮の天照大神と同一なりとして不敬罪構成を計つたのであるが、敗戰となつて皇大神宮も一宗派になり下がつたことは、この時既に彼等が種を蒔《ま》いたことで、こゝにも佛智の計いと謂うか、不思議な因縁を感じるものである。

七　無慈悲の讒言起る
――門家の遺弟等暗躍――

何んともないことでも時が時である。

* 神宮司庁　伊勢神宮に関する事務をつかさどる役所。戦前は内務省に属していた。
** 諾冉二神　伊弉諾尊(いざなぎのみこと)および伊弉冉尊(いざなみのみこと)のこと。これをあえて読むとすれば、「だくぜんにしん」。
*** 全然全個　「全然別個」の誤植か。

鬼畜支那兵の慘虐、鬼畜米英の言葉の出る前兆であるから、畜鬼天照が問題にならざるを得ない。而も「門下の遺弟等定めて無慈悲の讒言を加うらん」の時が熟しているのだから。

果然、何處《どこ》からとなく「本門法華宗に不敬思想あり」と、無名の投書が頻々として文部、內務、司法、軍、檢察局、裁判所へと投ぜられてきた。この時、門下遺弟の一番槍を受け給わつて出てきたのが中村勇遠であつた。

彼は本門法華宗の僧侶で（後、僧籍削除さる）大日本佛教社を組織し、「日本國體義と日蓮上人」*なる本を出版しその中に

「此の門下の學者、教師、信徒などが、何れもこの日隆の本地垂迹《すいしやく》思想を受けて、天照大神等の日本の諸神は鬼畜なりと言ひ、また餓鬼畜生だ等、日隆一派の本地垂迹說に至つては狂氣の沙汰としか考えられない」と、さかんに毒づいた。

この男が先づ前記、茆谷日任の「本門法華宗教義綱要」と泉智亘著の「隆門綱要」及び「尼ケ崎學叢」の三册を本門法華宗を流れる一連の不敬思想の現れであると、京都下鴨《しもがも》署の特高へ持ち込んだ。

（註）

* 「日本国体義と日蓮上人」岡田孝治郎著『日本国体義と日蓮上人』（岡田孝治郎、一九三七）のことか。おそらく、中村勇遠と岡田孝治郎とを取り違えたのであろう。なお、中村勇遠については不詳。

「**隆門綱要**」　昭和八年　尼崎學林教授泉智亘が學生の　筆記代りに五十部のプリントした本で、　その中に私新抄鬼畜の圖解を入れてある。尤も該本は苅谷教授の注意により釋義を誤れるものとして絶版したものである。

「**尼ケ崎學叢**」　昭和十年　日隆聖人降誕五百五十年記念出版雜誌、その中に専攻科卒業論文として成瀬英俊の「別雜信境より惣名信境へ」と題して別祉勸請の非を論じた一文がある。

この中村の破宗運動を巧みに利用し、救宗の爲めと稱して事件の擴大騷動を計つたのが、當時本門法華宗に權少講師の僧位を有する北田秀達《しゅうたつ》*であつた。

彼は軀幹長大、容貌魁偉、聲、破れ鐘の如く、策もあり、謀もあり、凄味百パーセント、この事件には打つてつけの役者であつた。小學校も出ていない男だが、所謂「ゴ法門」が三度のめしよりも好きで、之が動機で中年から僧侶になつたという變り種、宗學では苅谷の向うを張る大家を以て任じていた。彼はかねてから宗門に對し不平不滿を持つていたが「時來《きた》れり」とこの事件を引つ抱えて大阪朝日新聞へ「トク種、事件にしてくれ」と持ち込んだが、相手にされなかつた。

投書戰術が激しくなつたのもこの頃からである。

彼が表面に現れたのは昭和十二年九月三十日附を以て宗務當局へ要求書を出したのに始まる。その要求書は　一、教義綱要全部の燒却　一、責任者の處罰　一、宗務當局の總辭職等を要求したも

＊　北田秀達『本門三秘論の研究』（平楽寺書店、一九二八）、『新体制と仏教徒の覚悟』（明鏡社、一九四〇）という著書がある。

のであつた。

この時、宗務當局では、既に文部省と打合せの上、問題の箇所を黒インキで消してその上張り紙を貼布する處置をとつていたので、事濟みとして却つて彼の宗內僧侶としての輕擧妄動を戒しめた。北田は憤然として怒り「本門法華宗の大不敬思想を爆擊す」と大書した戸板を擔《かつ》いで大阪で道路演說をやり、輿論を煽り、それでも尙足らず

一、檢事局へ驅け込んで告訴をしたとか

一、大日本生產黨へ事件をウリ込んで宗門を不敬團體として糾彈させるとか

種々恫喝、宣傳をやつたが、宗內では、彼について躍る者が殆どなかつた。失望した彼は愈々《いよいよ》宗外の壓力を借るべく決心し、舊知の日種觀明*に渡りをつけた。

日種觀明は大阪三井《みい》本嚴寺《ほんごんじ》の住職で、身は僧正の高位にありながら殆ど宗門とは交際せず、免囚保護等の司法事業に從事すること三十年、その關係で知り合いになつていた當時名古屋の檢事正、宮城長五郎(後の司法大臣)に持ち込み、宮城は原理日本社の蓑田《みのだ》胸喜《むねき》に紹介し、この紹介により日種、北田は上京して蓑田に面談し、前記の三册及び本門法華宗宗規並に往復文書等を提供し、北田をして教義の說明に當らしめた。

＊日種観明　人名。読みは不詳。中部社会事業短期大学編『輝く奉仕者　近代社会事業功労者伝』(近代社会事業功労者伝刊行会、一九五五)には、その名前が挙げられている。

北田が如何《いか》なることを蓑田へ吹きこんだかは想像に餘りがある。俄然《がぜん》宗内的には一應納つた形の（文部省とも合法的に處理した）本事件が宗外へと發展し、新しく而も重大な情勢が展開してきた。

無慈悲の讒言の前奏曲である奇怪なる救宗運動の實態と其結末を一應語つて置こう。

丁度、北田日種等の救宗運動と前後して、得態の知れぬ街の紳士が出現して「大不敬團體本門法華宗を葬れ」とか、猥寫眞事件を種とした個人攻擊を印刷したパンフレットを携えて宗門要路者を歷訪し、宗內を震ひ上がらしていた。これに不審を抱いた大阪府警察特高課では、ひそかに目をつけて洗つて見ると、かの街の紳士は、揃ひも揃つて前科數犯、日種の免囚保護下にある者なることが判り、こゝに救宗運動なるものゝ實體を摑んだ特高では、昭和十三年二月、一網打盡に檢擧し、調べてみると果してこの運動は日種北田がある野心の爲め打つた陰謀であることが明るみへ出た。

昭和十三年四月二日附の中外日報に

——大阪府特高宗教係、醜爭の眞相發表——

と題して、本多宗教係長の眞相發表槪要が載つていた。即ち本多宗教係長が語る。（拔要）

「前略……同事件が起りましたのは昨夏北田が某大新聞社に該事件を持込んで行つたところ、そこではねつけられたところから始まつているのであります。その後北田は日種氏に問題を依賴したのである……

今日迄の事件は日種氏や辯護士松井淨氏が前科三犯阪本光夫、前科四犯濱田寬、前科四犯中川晴之、前科一犯北田秀達、こういうものと彼方此方に會合して事件を起したもので、猥寫眞事件、鬼畜事件等々何れも同一場所から放送され一つのつながりを持つて居り、決して別々にみられません。それはさておいて日種氏の如く司法保護事業をやつてゐる者が、かくの如く前科ある者を暴力團に使うが如きはどうかと思はざるを得ません。

何故日種氏がこういう事件を起したのか！　それも言えぬ。然し北田の言つているところによると本興寺の貫首になるには日種氏に何票票數が入る等ということまで檢《しら》べている事實があります」云々。

因《ちなみ》にこの事件が公判に廻つた結果が、日種は有罪前科一犯となり三十年に亘る司法保護事業から退陣して了つた。北田は前科二犯となり、僧籍も削除され、絶對に宗門に關係せぬことを誓うて、一時宗外へ退いたかの如く裝うていたが、豈圖《あに》らんや、四、一一事件＊の黒幕となつて潜行し、戰時中は堂々と浮び上り、一味徒黨を糾合して國體教學研究所を作り、問題の黒本「日蓮門下翼贊宗教の原則＊＊」を出版し、

〃大東亞聖戰の地域は一面佛教圈内たるの意義を持つ、この砌《みぎり》に於て日本佛教の翼贊奉公なくしてはなんの顏あつて宗教を口にし得るや〃と宗教を神道翼贊戰爭協力に驅り立てるため懸命につとめたが――ある山路で自ら崖下へ轉落し、兩脚を挫《くじ》き、生れもつかぬ松葉杖の身となり、彼を知る人々をして佛罰のおそろしさよとおじ氣をふるわした。

八　東條の番犬、蓑田胸喜の登場

――文部省へ怒鳴り込む――

北田、日種等の宗内陰謀は大阪檢察局の手にかゝり敢《あえ》なく正體を曝露して崩れさつたが、宗外へ

＊　四・一一事件　八八ページの注を参照。

＊＊　「日蓮門下翼賛宗教の原則」『日蓮門下翼賛宗教之原則』（国体教学研究室、一九四二）を指すものと思われる。同書の奥付には、「編輯兼発行者代表　北田秀達」とある。

持ち出された鬼畜事件は戰爭準備のファッショの潮流へ乘つて愈々《いよいよ》擴大されていつた。

而も東條軍閥*と親交あり、その番犬として恐れられた右翼唯一の理論家、蓑田胸喜の手にかかつたのも、これ諸天が本件をして、無慈悲の讒言を——朝野司直の公場對決まで發展させずに置かぬ計いであつたかも知れぬ。

蓑田胸喜は元慶應大學の教授で、原理日本社を率い、學術維新を唱え、理論家皆無の右翼陣營唯一の學者として重寳がられていた。殊に天皇機關說で美濃部博士**を葬つたことが、軍部に高く買われ、東條にも接近して其の顧問的役割りを持つに至つた。

彼は倭小であつたが精悍であつた。右翼一流の激情的甲高い聲でまくし立てるので、學問的理論闘爭といふより、相手をやつゝける——その背後の軍部の力を恐れられていたので、公正な自由學者から毛虫の如く嫌われ、惡鬼《あつき》の如く怖れられていた。戰時中大學教授で少しく自由主義の嗅《にお》いのある學者は、片ツ端から彼に嚙みつかれ背後の力で學園から追われた。

併し乍らこの一世の驕慢兒も、あわれ敗戰——軍部の沒落と共に、熊本の鄉里に落ち延び、遂に首をくくつて死んで了つたとのことである。

北田から事件のバトンを受けとつた蓑田は、早速昭和十二年十一月十七日附

* 東條軍閥　陸軍の東條英機を中心とする勢力。

** 美濃部博士　法学博士・貴族院議員の美濃部達吉。一九三五年(昭和一〇)の天皇機関説事件で議員を辞職。

「本門法華宗教義の一節に就て」なるリーフレットを出して
〝畏くも、我が天照大神を指して、人界に屬する阿闍世王以下の鬼畜に攝屬せしめて、毫《ごう》も憚る處なき態度は所謂日隆の「本勝迹劣《ほんしょうしゃくれつ》」思想の實證なりと云い得るであろう〟と冒頭し、前記三册と本門法華宗法宗規とを一括して不敬の證據とし
「本門法華宗に於いて前記指摘せし如き日隆の反國體不敬思想を國體明徴が朝野の大問題となれる最近に至り、殊更に表面に力說し來つたのは如何なる事由に出でたのであろうか?……」

と攻撃してきた。

同時に、國體明徴上許すべからざる事件なりとし、文部省へどなり込み、宗教局の監督處置を詰問した。

當時彼は軍を背景に學界征伐と稱して東大の矢内原《やないはら》教授*を槍玉に擧げていた最中で文部省も「又あいつ來たか」と内心毛虫の如く嫌うていたが、相手が容易ならぬ代物なのでそこは官僚の弱さ、いや〳〵乍らも處理を引き受けざるを得なかつた。

俄然、文部省の態度が硬化した。

宗教局から喚ばれた宗務當局は稲田課長**から

* 矢内原教授　経済学者の矢内原忠雄。一九三七年(昭和一二)、東京帝国大学経済学部教授を辞任。

** 稲田課長　文部省宗教局宗務課長の稲田清助のことであろう。

「責任者は腹を切つてくれ」と迫られた。
「一往、釋明を聞いて貰ひ度い」との懇願も、
「いや、前に一度聞いたからその必要があるまい」と一蹴されたが、課長は同情の聲を落し乍ら
「右翼がウルさいんです。段々火の手が大きくなつては宗門の一大事になるから、早い方がよいです」と。

容易ならざる情勢を話して、最後の宣告を下した。

九　焚書の煙り悲し鳥山

——宗門首腦部の總辭職——

宗教團體監督の元締である文部省から詰腹を申し渡されたのでは、宗門も今はせん術《すべ》もなかつた。再三、文部省と打ち合せして、教義綱要の該箇所をインクで完全抹消したり、其上に修正紙片の貼布をやらした事も、すべて御破算となり、急に頒布者に引き上げ命令を出し、全部送本せしめ之を在庫品全部と一まとめにして、東京烏山永隆寺の一隅に穴を掘り焚書《ふんしょ》に附した。時、昭和十二年秋

既に深き武蔵野に、焚書の煙り悲しくたなびき、同時に引責自決した宗團首脳部に文字通り斷腸の思いをさせた。

かくして先づ宗立學林長釋日遵は責を負うて十月十六日辭職し、かねて進退伺いを呈出謹慎中の苅谷日任は疎陳上申書を呈出し教義的釋明を行うて十一月三十日附を以て解職となり、同時に「隆門綱要」の著者泉智亘も學林教授を罷免され、「本門法華宗教義綱要」の發行名義人たる貫名日靖は右事件の始末を了して十一月末日を以て宗務總監を引責辭職し、宗務部長松井正純、教務部長片山完光も之に殉じて辭職し、管長福原日事は事件の一段落を待つて退職し、一同戒粛謹慎ということになり、殆んど一宗の首腦部が全滅し、教授を失ふた學林は閉校同様、宗務も首腦を失うて機關が停止し、宗門は將に五百年の法燈斷滅の前夜にあるが如き悲壮な氣運にみたされたのであつた。

▲宗門の善後處置

――疏陳上申書――

是より前、宗務廳では文部省に對する釋明の資料として編纂者苅谷日任から意見を徴していた左記疎陳《そちん》上申書が提出されてきたので、新管長赤澤日雄は昭和十三年一月廿日附「本門法華宗教義綱要」始末書なる一書を文部大臣木戸幸一宛に差し出し

一、該本の焼却

一、責任者の處置

一、私新抄取扱ひに關する今後の注意

一、宗門の自肅更生

等の事項を詳細上申し、之に疎陳上申書を添附しひたすら當局の哀愍《あいみん》を懇願したのであつた。

疎陳上申書

本門法華宗學林教授　苅谷日任

謹テ上申仕《つかまつり》候

曩《さき》ニ貴廳ヨリ拙著本門法華宗教義綱要中、現下不妥當ノ文字アルニツキ御注意ヲ忝《かたじけな》クシ、早速御指示通リ適當ナル手段ヲ講シ置キ候ヒシ處、今回更ニ謄寫版印刷ノ「隆門綱要」及ビ「尼崎學叢」誌上、卒業生ノ論文中同種ノ文字有之ニ就キ何故《なにゆえ》ニ門祖ハ斯ル文字ヲ使用シアル哉ノ義ニ就キ卑見申上候

勿論門祖ノミ右様ニ書カレ候事トスレハ甚タ不審ノ事ニ候ヘ共《ども》該字義ハ決シテ今日用ヒ居リ候義ニテハ無之《これなく》、平安朝ヨリ室町時代ニテハ、往々用ヒテ誰モ怪シマス、現ニ傳教《でんぎょう》大師ノ「長講法華願文《がんもん》」弘法大師ノ「性靈集《しょうりょうしゅう》」親

鸞上人ノ「悲嘆述懐和讃」及ヒ「現世利益和讃」ニハ、明《あきら》カニ我國ノ天神地祇ハ、鬼神ナル旨書キアリ候。但シ右ノ鬼神ト申候ハ、人ノ死シテ神トナリシヲハ、其ノ天部衆《てんぶしゆう》ナラサルハ、鬼趣ニ入レル事、當時佛教ノ恒例ニ候ヒシト存セラレ候。今日ニ於テ忠勇ノ英靈ヲ「護國ノ鬼」ト稱スルハ決シテ之ヲ輕賤スルニ非ルコト世上知ラル丶如クニテ候。又、畜ニ就テハ、日本書記、古事記トモニ、彥火々出見尊《ひこほほでみのみこと》ハ海幸《うみさち》ニヨリテ、海神ノ女ト婚シ給ヒ、妃ハ御出產ノ時、龍神ヲ現シ給ヘリトノ傳說有之《これあり》、佛教ニテハ海龍神ハ娑迦羅《しやから》龍王トシテ佛法守護ノ誓アリ。又玉依媛《たまよりひめ》ハ法華經ニ於ケル八歲龍女ノ姉妹ナリナトノ傳說ヲモ生シアリ候ヒシ、又、國史々料トシテ重要トセラレ、舊新ノ「國史大系」ニモ收メラレアル「愚管抄」ニハ、安德天皇ヲハ龍趣ニマシマスナド記シ、又神功皇后ノ三韓征伐ニハ、海神ノ守護アリテ新羅ニ大水漂フニ至ル等ノ傳說アリ。コレ等ニヨリテ畜トアルニ至リシ歟《か》。加之、近世ニ至ルマテ我國ニ於テハ畜ヲモ「神」ト唱ヘ、考ヘシコトハ本居宣長ノ「古事記」ニ明白ニ有之候。引例ニハ全ク畏キ極ミナレ共、龍顏、龍體等ノ字義ニツイテモ符合ノ節アルヤト存シ候。コレ等ニ依リテ見ルモ今日新聞紙上ニ散見スルカノ如キ卑シキ意味ニテハ無之事自明ノ理ニ候。更ニ斯ノ如キ文字ハ隆師獨自ノ用語ナリヤ否ヤヲ取調ヘ候處、左ノ如クニ御座候。

一、此ノ如キ文字ハ、決シテ門祖ノミノ使用ニ無之、門祖カ流ヲ汲ミタル日朗上人門流ノ室町時代ニ於ケル用語ニシテ、朗門ノミナラス、中山ノ常師門流、身延ノ向師門流ニモ及ヒ居候事左ノ如クニ有之候。

「本尊論資料」第二編　諸山相傳

明治四十二年十一月　身延山久遠寺刊行

（二十八頁所載）

當宗相傳大曼陀羅事　日像御傳大覺記

「〇〇〇〇ハ人界ナリ但シ〇〇〇〇ハ外*相ハ鬼畜ノ攝屬ナリ。諸天善神ナルカ故ニト云々」

（六十八頁所載）

御本尊相傳抄ニ同文ノ記載有之

（八十四頁所載）

本尊相傳　日朗相承久遠寺日學等傳來

「〇〇〇〇、〇〇〇〇〇等ノ諸**神ヲ付《テ》二現前《ニ》一攝《ス》二鬼畜《ニ》一」

（二百八頁所載）

佛滅度後等ノ事　常門本成坊日實相傳

「〇〇〇〇《ヲハ》攝《スル》二鬼畜《ニ》一***也云々」

「本尊論資料」　第一編　祖山相傳

明治四十一年二月　身延山久遠寺刊行

（百四十五頁所載）

本尊行者用心口決　日朝記

「神明等《ハ》就《テハ》二現前《ニ》一或ハ鬼或ハ畜、其形不二一准《ラ》一」

又〇〇〇〇ヲ****鬼子母神十羅刹女攝屬トアルニ就テハ左ノ如ク有之候

「本尊論資料」　第二編　諸山相傳

＊　〇〇〇〇ハ人界ナリ但シ〇〇〇〇ハ　この二箇所の伏字部分には、ともに「天照八幡」がはいる。こうした伏字は、刈谷日任が、「疎陳上申書」を書いた際に、おこなったものと推察される。以下の伏字についても同じく。

＊＊　〇〇〇〇、〇〇〇〇〇等ノ　「天照太神、八幡大菩薩」がはいる。

＊＊＊　〇〇〇〇摂鬼畜　「天照八幡」がはいる。

＊＊＊＊　〇〇〇〇ヲ　「天照八幡」がはいる。

（百八頁所載）

御本尊口傳面授　日意談　日經記

「鬼子母神十羅刹女ニ〇〇〇〇等ノ*諸神ヲ接シ」

「本尊論資料」　第一編　祖山相傳

（八十二頁所載）

本尊三種智識　日朝談　示日意

「〇〇〇〇ハ**鬼子母羅刹ノ所攝ナルヘシ」

以上ノ文献ノ時代ハ粗《ほぼ》門祖ト同時代ナレハ、是レ當時ノ通説ナリシコト、恰《あたか》モ傳教大師、弘法大師、親鸞上人、日蓮上人ノ時代ニ天神地祇ヲ鬼神トナシタリシコトノ、佛教徒ノ大部分ニ行ハレ居リシコト、同一ナリシモノカト被存《ぞんぜられ》候。蓋シ室町時代ハ帝都タリシ京都ノ五山ノ中東福寺ノ了庵桂悟ノ如キ高名ナル宋學者ニシテ、而モ三條西實隆ニ「日本ノ天子ハ悉ク一姓同宗ナリヤ、他姓若シ天子ニ昇ルノ事有之ヤ」ト質問シタルカ如キ、國體上ノ暗黑時代ナリシコト、恰カモ平安末期ニ彼ノ和魂漢才ヲ唱ヘシ菅原孝標《すがわらのたかすえ》（道眞《みちざね》ノ五世ノ孫）ノ女《むすめ》「更級日記」ニハ「〇〇大神トハイツレニオハス神佛ニモヤ***」ト言ハシムルニ至リシ國體晦冥《かいめい》時代ト相通フモノト被存候云々

（後略）

* 〇〇〇〇等ノ　「天照八幡」がはいる。

** 〇〇〇〇ハ　「天照八幡」がはいる。

*** 「〇〇大神トハイツレニオハス神仏ニモヤ」『更科日記』で、これに対応すると思われる箇所を挙げておく。「天照御神（あまてるおほんかみ）を任じ申せと言ふ人あり。いづこにおはします神仏にかはなど、……」。

一〇　風雲急!!　追撃ゆるまず

――日蓮宗學僧、教授等續々召喚――

本門法華宗は徹底的に打ちのめされたに係らず、時代の急潮は少しもピッチをゆるめない。宗門當局は倒れたが、日種北田等も一網打盡された爲め、宗門のファッショ化が思う通り進まぬ。これに疳《かん》を立てた蓑田は再び昭和十三年七月二十日附

〝本門法華宗の神祇《じんぎ》觀に就て〟なる一册子を發表し、茢谷の疏陳上申書を痛駁《つうばく》し、又尼ケ崎學叢の別社勸請を排せる成瀬英俊の論文をとりあげて、神社參拜忌避思想の素質なりと斷じ

「勇躍出征する皇軍將兵がその門出に全鄕土の人々と共に武運長久を祈願する氏神參拜の精神的價値を抹殺せむとするものである」と追擊し

「この侮日反神道の本勝迹劣の思想は、帝國憲法第二十八條または宗教團體法第十七條の所謂〝日本臣民タル義務ニ背クモノ〟たることはいうまでもない」と暗に宗團解散を仄《ほの》めかした。

又一方これと呼應する如く無政府主義くづれの轉向者、福田素劍が皇道日報に據《よ》り、日蓮宗くづ

れの還俗《げんぞく》者連を使つて、盛んに日蓮を毒づき始めた。曰く
日蓮は蒙古の第五列で大不忠大不敬漢也。彼の遺文は悉く國體反逆の思想、曼陀羅は國神侮辱の標本なれば速かに燒き捨てゝ檢擧解散を命ずべき也……と。

狂犬の樣に吠え立てるので戰爭準備に大童《おおわらわ》の參謀本部や警視廳も色めき立たざるを得なくなつた。

立正大學の宗學教授淺井要鱗をはじめ、大學教授、學僧等が續々召喚され、軍刀やサーベルの前で御遺文の削除、教義の修正等を强要された。

日蓮宗隨一の學僧、立正大學學長清水龍山も召喚され、

「天照大神をどう考へてゐるか」との詰問に對し、正直な學長は
「畏くも天照大神は日本國の守護神に在します」と答へた處、

「天照大神を日本國の番犬と思うているか」と大喝された。

かゝる氣勢をみてとつて早くも轉向したのが日蓮宗高佐貫長《たかさかんちょう》*等の皇道佛教――天皇本佛論の行道《ぎょうどう》會**であつた。

* 高佐貫長　人名である。高佐日煌とも。「国体信仰講座」などの講述書あり。
** 行道会　皇道仏教行道会の略称。皇道仏教行道会は、一九三八年（昭和一三）、高佐貫長（日煌）によって結成された。

一一　再燃―修正本門法華宗綱要事件

――天照太神は妙法の垂迹神か――

かゝる風雲急の中、一旦納まつたかの如く見えていた本門法華宗教義事件が、またく再燃する事件が起つた。

どうしても本事件を、國家司直の問題にせずんばやまない大法界の意志は、あらゆる人爲の工作を吹き飛して前進する。

苅谷の教義綱要の後仕末として、文部省へ宗門から提出した上申書の中に、

一、速《すみやか》ニ宗門教學ノ權威者ヲ網羅シテ教學講究所ヲ設ケ、爾今カヽル過誤ヲ再ビナサザラシムルト共ニ、完全正鵠《せいこく》ナル教義綱要ヲ改メテ出版スルコト。

と記されてあつた。

之に基き、擧宗一致で推薦され、後繼內局を組織した三吉日照は、直ちに一宗の碩學《せきがく》、谷日昌、桃井日晃、增田日繼、原日啓、釋日遵を以て教學講究所を設け、修正教義綱要の草案起草を學林教

授株橋諦秀に委託した。

株橋は、荊谷の綱要中の誤解せられた點を修正し、鬼畜の用語を避けて、曼陀羅本尊の本質を解明せんと種々苦心し、その起草せる本門法華宗綱要草案中

第六章宗旨、第一項本門ノ本尊、第五本尊ノ本質、の解説に當り、又しても日隆の著私新抄第九「首題能生《のうしよう》、十界所攝事」なる一節を引用解説し

「師仰セニ云ク、南無妙法蓮華經ハ釋尊多寶等、佛菩薩十界ノ聖衆ノ本尊ナリ、首題ヨリ本地本因ノ地涌《じゆ》（上行）モ本果ノ釋尊モ出生セリ本地ノ釋尊ヨリ垂迹ノ大通《だいつう》、空王《くうおう》大日彌陀藥師等ノ三世十方ノ諸佛ヲ出生セリ、佛法ニ叶ハザル機ノ爲ニ地藏觀音等ノ諸菩薩ヲ出生セリ、菩薩部ニ叶ハザル機ノ爲ニ二乘等ノ聲聞ノ形ヲ顯セリ、是ニ叶ハザル機ノ爲ニ不動愛染《あいぜん》ノ明王ノ形ヲ以テ益物ス、其レニ叶ハザル機ノタメニハ虛《こ》空藏《くうぞう》辨財天等ノ形ヲ顯シテ之ヲ益ス、其レニ叶ハサレバ〇〇〇神*等ノ諸神ノ形ヲ以テ結緣《けちえん》ス、之ニ叶ハザル物ノ爲ニハ美男美女ノ形ヲ顯シテ之ヲ益ス、或ハ三惡四趣ヲ示現シテ此ヲ益ス、總シテ十界ノ尊形ニ即シテ首題ヲ顯示ス、首題ノ本尊ヨリ次第梯登シテ從本垂迹シ又迹ヲ攝シテ本ニ歸ス、本トハ妙法蓮華經是即チ十界本地ノ本尊也。十界悉ク妙法蓮華經ノ體內ニアツテ自受法樂シ即身成佛スルナリ』ト示サレテキル此ノ垂示ノ如ク十界ノ諸尊ヲ以テ妙法蓮華經

＊ 〇〇〇神　「天照太神」であろう。原著一一〇ページ参照。

ノ功徳ヲ十方面ニ顯現シタルモノデアル」云云
噫《ああ》、止《や》んぬる哉、諸天の計いは株橋の筆を驅《か》つて又しても、ダブーの天照太神に觸れしめて了った。果然、起訴理由書に
「該記述ハ天照大神ヲ不動、愛染等ノ明王乃至虚空藏、辨財天等ト對比シテソレラノ攝屬界ヨリ以下ノ界ニ於テ前記十界中ニ攝シ奉リ、其ノ所屬ノ界ニ於テ本尊ノ妙法蓮華經ヨリ出生シ其功徳《くどく》ニヨリテ虚空藏、辨財天ト美男美女ノ中間ニ存在スル衆生ヲ教化結縁スルモノナル旨説明セルモノニシテ、
畏レ多クモ、我國民絶對尊崇ノ天照大神ノ御神徳ヲ冒瀆シ、大神ヲ御祭神トスル皇大神宮ニ對シ奉リ不敬ノ行爲ヲ爲シタルモノ……」
と斷ぜられている。
僅か五十部を謄寫印刷して嚴重な番號を附して、極秘裡に、宗門内外の有識、學者の意見を徴せるこの草案が、何時の間にか外部へ持ち出され、特高——内務——司法——檢事局へとリレーされていた。無慈悲の讒言係りは何時でも事件の發展の爲めには、宗内に溫存されていたものと見える。

一二　國主法從

——東條景信と東條英機——

其頃、軍官ファッショの高唱した宗教えの强制標語に國主法從《こくしゆほうじゆう》なるものがあつた。從來の法を中心とした宗教思想を打倒して、國を中心主人として法は之に從ふ家來になれということであつた。迫り來る大東亞戰爭準備の爲め、國體思想統一と稱し、一切の宗教を神道一色に塗りつぶし、宗教團體を戰爭協力へ驅り立てる爲め、先づ自由主義的教義を改變し、一切を軍國主義の膝下《しつか》に置く、國主法從えと露骨な干渉、暴力的强制を行つた。

總司令部民間情報教育部宗教文化資料課編の「日本の宗教」の中で

宗教に於ける軍國主義化が痛烈に指摘され、

〝宗教團體は皇道思想と一體となるようにその教義を修正することが要望された。すべての宗教團體の教憲、信條、教義問答書、讃美歌集等が綿密に調べられ、修正せられた〟と陳べられてある。

その思想彈壓態制は特高警察を手先きとし、內務——司法——檢事の陣容を正面とし、軍——憲兵――を側面として水ももらさぬ、如何にも憲兵政治の權化《ごんげ》東條式であつた。

而して國主法從えの基準は惟神道で、その惟神道の最高絶對が天照大神である。

一切の宗教は天照大神へ歸一すべきである。苟しくもこの神の上に立つもの、この神の本體を說明するもの、それは例え宇宙の眞理正法であろうとも、絶對に許すべからざるものである……と堅く方針が定められていた。

然るに何んぞ、渺たる一宗派が一度ならず二度までも、この絶對尊嚴體を侵し、鬼畜と言ひ、垂迹神と說く、何んたる不逞の輩《やから》ぞ。

而もこの國家非常の戰時局下に於いて、斷じて許すべからざる不敬の徒黨一網打盡ぞと、彈壓陣の方針一決、今は發令の日を待つばかりとなつた。

彈壓の親玉、東條英機と言へば有名な日蓮嫌ひで、その點同姓の先輩……日蓮聖人を安房の小松原で殺さんと伏勢して斬り込み、聖人の額に三寸の刀傷を負はした事で、日蓮宗側からは法敵の名で有名な念佛信者の東條景信《かげのぶ》とは不思議に同姓であつて、血脈關係の有無はよく分らぬが法華嫌ひの點は全くよく似ている。

彼とは終始反對の立場をとつていたが、一時同じく滿州關東軍に居た故石原莞爾《かんじ》将軍*が彼を評し

* 石原莞爾将軍　陸軍軍人。滿州事変の主謀者。国柱会の田中智学の影響を受けた日蓮主義者として知られる。

て、

「宗教も何にも分らん男じやが、そのくせ本能的に日蓮が嫌ひで、その點東條景信の再來かも知れんよ」……とひやかしていた位いで、彼の日蓮嫌ひは有名なもので、本事件の黒幕の陰で、子分の蓑田を激勵していたのも彼であるとの風評を屢々耳にした。

そう言えば、血脈的にはとも角として因縁的には全く景信そのものだとも見える。

たゞ、景信は念佛信者の立場から彌陀《みだ》の怨敵《おんてき》として日蓮聖人を迫害したが、英機は、始め戰爭指導者として神道を鼓吹し、如何にも一かどの惟神家の外觀を示していたが、愈々絞首臺の臨終が近づくや、景信と同じく念佛信者*の本地《ほんじ》を現し、頻《しき》りに念佛して彌陀の淨土行きを惟《こ》れ願い、愈々絞首刑の前日になるや

明日よりは誰にはばかるところなく
彌陀のみもとでのびのびと寝む

欣求淨土《ごんぐじょうど》、厭離穢土《おんりえど》の思想を露骨に現し、彼の爲、敗戰闇黒の悲運につき陷された幾千萬の同胞を後に、彌陀の淨土へノビ〱と寝んと逃避して了つた。

＊ 念仏信者　東條英機は、浄土真宗の門徒であった。

『正宗の巻』(獄中獄外)

一　四、一一事件

――血涙滴々……六師獄中記――

果然一九四一・四・一一の大嵐が來た。岩村檢事總長の直命で兵庫縣特高課が四月十一日早曉を期し、全國一齊に法華宗幹部（元本門法華宗）の逮捕檢束が疾風迅雷の勢いで强行された。

東京では前宗務總監の三吉日照師が牛込の宗務廳から、又學林教授の株橋諦秀師は折柄《おりから》上京中だつたので三吉師と前後して何れも兵庫の特高と警視廳の應援で逮捕され、即日神戸へ護送された。教學部長の松井正純師は尼ケ崎の學林で、又苅谷日任教授は自坊の大阪本信寺から引き立てられた。當時宗會議員で學林教授であつた著者は自坊の京都妙蓮寺常住院で四名の刑事に寢込みを襲われ、嚴重な家宅捜索を受けた上、有無を言わさず刑事に護送されてそのまゝ神戸S署*の地下室のブタ箱

＊　神戸S署　兵庫県警察部三宮(さんのみや)警察署のことか。

へ放り込まれて了つた。

◇地下獄囚記……

（小笠原回顧録）

何にが何やらサッパリ分らない。たゞ夜も晝《ひる》もない地下の幽獄……あるかなきかの豆電球の下にうごめく、爪は長くヒゲ蓬々《ほうほう》たる前科五犯、六犯の惡鬼さながらの大先輩に圍まれて、床下のない板の間の上にチヨコなんと坐つている一個の黑衣の僧、之が昨日までの自分かと我乍ら夢ではないか、と幾度びか疑つてみたが冷嚴な現實は容赦なく、身は旣に一切の自由をハク奪された一幽囚人である事を教えてくれました。夕食の頃となれば一隅の穴から入つてくる所謂「臭めし」の箱を獄鬼共の前に配る役目は新米の自分であつた。私への差し入れ辨當はこの別世界の掟として監房長（昔の牢名主《ろうなぬし》）に强制的に捧げねばなりませんでした。何にしろ娑婆《しやば》の法も道も通用しない全然人間扱いのしない別天地であるから、言語に絶する様な事があるのが當然かと觀念したのでありましたが、一番辛かつたのは夜になると超滿員で、（四疊半に十六人）悲しい哉、新米は寢る場席がありません。仕方がないから半疊のコンクリート間の便所（實は大小便のタレ流し場）の前に直立し、夜半睡氣の爲め糞壺《くそつぼ》へ陥込《おちこ》むのを防ぐ爲め、背後の鐵窓の丸穴へ指を入れて動物園の猿みたいに身を吊り支えているのですが、それがこの獄中の次第順序という鐵則の爲め、五日でも十日でも先輩の席のあくまで繼續させられるのです。私も三日目の晩になりました時に、身を支へている十本の指が悉く鐵窓の爲めヤブられて血が慘出《しんしゅつ》し……如何に夜明けを待ち焦《こが》れたことか、朝の一番電車の軌る音*が地下に響いて來た瞬間「今日も助かつた」と思わず合掌したものでした。何が故にこんな目に遭うのかと最初の興奮も次第に醒めて、自責し内省した……その時チラリと心に光つた言葉それは法難の二字でありました。法華經を正直に行えば必らず三類の法難來《きた》ると、今迄は人に説いていたが一向に自分の身に體驗がなかつた。今度始めてめぐり會うたのだ。之で汝も日蓮上人の弟子入りが出來るぞ……と氣が付いた時、急に感激の涙瀧の如く兩眼に溢《あふ》れ、思わず大音聲《だいおんじょう》を出して「此經難《しぎょうなん》持《じ》」を高誦したのでした。何うした御計《おはから》いか此の經音が特高の耳に達し、結局私はSの地獄から救われてN署**の二重檻に廻されました。この時は寧ろ私の方から入監を願い出ました。それは「惡人の題目、受持即得出來るや否や」を試す絶好の機會と考えたからです。幸い私の念願は許されて、惡のドン底に妙法を下種《げしゅ》する端緒が開かれました。

N署の検察室へ引張り出されて私はそこで毎日日蓮聖人の文永、建治、弘安間に書き顯《あらわ》された大小數十枚の曼陀羅（よくまあ、こんなに蒐《あつ》めたものと感心した）を見せられました。たゞ毎日一枚

＊　軌る　「軋る」の誤植であろう。この場合の読みは、「きしる」。

＊＊　N署　兵庫県警察部長田（ながた）警察署。

か二枚宛《ずつ》見せられるだけです。「シカと見ろ」と言われるだけで何んの目的やら、皆目見當が付きませんでした。最後の大喝が下るまでは。

◇本尊不敬の根據

遂に最後の大喝が下つた。

「汝、眼あらば、とくと觀よ。この日蓮が圖顯の曼陀羅は總歸命《きみよう》一幅を除いて他は悉く四聖歸命の本尊ではないか、即ち南無釋迦牟尼佛、南無多寶如來、南無三世十方諸佛、南無上行菩薩、南無無邊行菩薩、南無淨行菩薩、南無安立行菩薩、南無觀世音菩薩、南無普賢菩薩、南無文珠師利《もんじゆしゆり》菩薩、南無藥王《やくおう》菩薩　南無舍利弗《しやりほつ》尊者、南無大迦葉尊者等々更に南無天台大師、南無傳教大師に至るまで總て聖人と呼ばるゝ佛界、菩薩界、聲聞界、緣覺界の四聖には南無の二字を冠してゐる、それに相違ないか。」

「その通りです」

「然るに其餘の天界、人界、阿修羅界、畜生界、餓鬼界、地獄界と次第する六道の代表には南無の二字を冠してない。それに相違ないか」

「相違ありません」

「四聖に南無を冠し、六道に南無を冠しないのはどういう意味か」

「…………………」

「南無は歸命と謂う。尊敬崇重《すうちょう》して禮を盡す義ではないか、四聖に南無するは四聖界は程度の差こそあれ、悟りの境界で聖人なる故之を尊敬崇重するの意であろう。然るに六道は迷界の惡業衆なる故之を南無するの要なく、從つて南無の二字を冠しないであろう。之に異議あるか‼」

「或いはさうかも知れません」

「或いはではない、極めて明瞭なことではないか、四聖なる故《ゆえ》南無し、六道なる故南無せず、こんな分り切つたことが分らんのか、お前に毎日見せた曼陀羅はこの事を確認させる爲めだ、そしてまだ重大なことがある、分るかネ」

「…………………」

「ココだよ」と急に鋭く衝かれた聲と共に檢察官の二本の指が走つて卓上の曼陀羅の中央、南無妙法蓮華經の眞ツ下に書かれてある天照太神、八幡大菩薩の頭の上に置かれました。

「こゝが肝心要《かんじんかなめ》だ、此處に南無があるかね、よく見ろ‼　どれもこれもないではないか。これはどういう譯だ」

瞬間全身一時に水を浴びたようにぞウツとした。じわ〴〵獵犬に迫めたてられ、遂に狩場《かりば》に追い込められ、土壇場のワナにひつかゝつた獸の樣に、本能的に、容易ならざるたくらみに陥ち入つたことを直感し全身の神經が一瞬凍結する思ひでありました。

檢察官の眼も鋭く顔も硬直り、一段と聲を張り擧げて
「天照太神、八幡大菩薩の上に南無を冠せざるは蓋し日蓮としては當然の表現であろう。彼は畏れ多くも、吾が國絶對至上の皇祖神たる天照太神を小神扱いとなし、未だ迷界を脱せざる六道業衆として、敢て尊崇せざる故に、南無を冠しないのは何ら不思議としない。彼の思想は佛本神迹處か佛聖神迷説で甚しき侮神《ぶしん》思想である。彼が遺文中に〝日蓮は佛の使なる故に天照太神も頭を傾け、掌を合しむべし〟と放言してゐる大不敬思想は實にこの曼陀羅國神の表現で動かすべからざる證據を殘している。どうだね、この檢論に對して堂々と根據を擧げて釋明出來るか。日蓮宗の學者や大學教授にも訊いてやつたが誰れもウンともスンとも言つて來ない。いや言うてこれんのじや、腹にないことは出されんのでねハアハアツ……」

とワナに引かゝつてジタバタしている獲物を眺める樣に一氣に玆まで喋舌つた檢察官はゆつくり腰

掛けに身をもたれて紫煙を燻《くゆ》らした。

私は實際、焦り出しました。馬鹿な‼　そんな事があるか、我れ日本の柱とならんと名乗られた大忠日蓮聖人に何んでそんな疎漏があつて堪るものか、思ひ切り大聲で〝馬鹿なことを〟を怒鳴りたかつたのでしたが、その後が續かない。いいいいいいいいいい、ほんとに考へたこともない奇問だ、何んとも切り抜け様のないワナに陷されて了つた。モガけばモガクほど身心に喰ひ込む目に見えない鐵の鎖で縛り上げられたも同然だ、殘念だがこの鐵鎖を振り碎く力も腹もない、焦り乍らも次第に消沈せざるを得ませんでした。私の苦悶を尻目に檢察官は今度はゆつくり最後の止《とど》めを刺す樣に

「それぱかりではない、日隆の不敬思想は其繼承者であるお前の本門法華宗の派祖日隆によつて一層明確に裏書きされているではないか。即ち今回問題になつた日隆の私新抄の一節「天照太神等ノ諸神ハ内證ニ隨ヘバ佛菩薩ニシテ現相ヲ以テ言ハバ鬼畜ニ攝スベシ云々」は明らかに天照太神を六道の迷界中の鬼畜、即ち餓鬼界と畜生界とに配當したものであろう。まことに日蓮と表裏一體の思想である。日蓮が天照太神等をわざと南無を附けずに六道に入れたのを、日隆は更に六道の中を細說して餓鬼界と畜生界に配當して祖意を顯揚した譯だ。まことに師弟一貫の反國體大不敬思想で、この惡思想を奉ずる團體は例え宗教團體と雖《いえど》も看過が出來ない、況んや今日戰時に於て、國民の思

想統一上斷じて許すことが出來ない。お前らが檢擧されたワケもほゞ解つたろう」

併し解らない。大體七百年前に日蓮上人によつて圖作されたものを後世の我々が、解說しなければならぬ責任が吾々にあるものであろうか、どういふ譯かは圖顯者である日蓮聖人に直接聞いてみるより外仕方があるまい。

◇亡宗か亡身か

右の事を恐る〳〵伺い立てると、檢察官から痛く大喝を喰つた。

「日蓮は法律の對象にならぬが、其流れを汲む現在の團體は法の對象となる。其團體が日蓮の惡思想を清算し邪義本尊を捨て、更生するならば良し、然らざる限り堂々と釋明して押し通れるか、將《はた》又《また》釋明不能に陷ちて解散するか二つの道一つを擇ばねばなるまい」

ゑらいことになつたぞ……下手すると日蓮教團は解散を命ぜられ、寺院は沒收され本尊をば燒き捨てられる……廢宗、滅亡の淵に投ぜられるのではないかと戰慄が背筋を走りました。

檢察官は押ツ《おつ》冠《かぶ》せる樣に追擊をゆるめない。

「お前自身はどうじや、この日蓮の不敬思想を釋明出來る自信があるかね。成る程、日蓮が六、七百年前に書いたものじやから俺は知らぬと逃げればよい様なものゝ、それではお前の今迄の信仰はウソになるのじやないか、法華宗の中心人物の一人として自分で譯の分らぬ本尊を布教し知らない教義を宣傳し、信者を欺《だま》して來たことになりはしまいか、結局日蓮に罪をなすりつけて信者を欺き自分の良心を殺して逃げることにならぬか」

これには全く參りました。日蓮聖人の流れを汲み僧と成つて二十有餘年、其間ウカツにも大聖人の本意、本尊の正義を究めずして今囹圄《ごくや》の身となつて忽ち難問に譴責され答釋出來ず、却て聖祖になすりつけて逃れんとする卑怯心、省みて慚汗《ざんかん》瀧の如く、茲に深く決する所があつて検察官に向つて一週間の答辯猶豫を請うたのであります。

◇慚死の唱題三昧行

ブタ箱へ歸つて深く反省再考三思……考えれば考える程、事の重大なると、身の無力なるを痛感し、四十年の生涯全く無信仰、懈怠《けだい》の身であつたことに氣がつき、今日の責苦は當然の事、も早や今となつてはすべて遲蒔き、茲で生命を賭して、早く生れ變つて今度こそ眞實の修行を爲さんと……深く衷心から懺悔の血涙を絞りました。この血涙は止めんとしても止め得ない、生れて始めての男泣きに泣いて泣いて――この日深更、血涙の中に一つの願を立てました。

〝今日から一週間、飯食を絶つて唱題三昧に入る、若し自分に一分の使命許されるものならば、大聖人靈界より直接、本尊圖顯の眞義を啓示賜《たま》えかし、若し御啓示なくば今生《こんじょう》、もはや用なき者として自ら生命を更新するの罪を許させ給え〟

それから朝も晝も晩も、一睡もせず南無妙法蓮華經〳〵と題目三昧に沒入、差し入れ辨當は皆同居人にやり、めし一粒、水一滴も口にせず、眞劍に合掌唱題に突入しました。元より生命をかけて（獄中自決の方法も先輩により證得濟み）――の事故一切の欲望が無くなり、死も又怖るゝものでなくなりました。

唱題行は愈々激烈になりました。獄則で大きな聲は出されませんが眞劍にいのちを打ち込んで、時々刻々、滿願日即臨終日、迫るに隨つて高潮して參りました。併し一向に啓示らしいものは起りません。所詮、自分は思《おぼ》し召しに叶わない。今生に用なきものと自判し、さらば滿願七月八日曉《あかつき》を期して自決更生を決行せんものと固く覺悟を決めました。

然るに何んたる奇蹟ぞ。自決決行直前、今生最後の熱禱力唱《ねっとうりきしょう》の最中突如、驚天動地の大靈示に會わんとは……。

◇靈山一會　嚴然未散

〝遂に滿願日到れど靈示來らず、噫止《や》んゐる哉、夜明けなば見苦しからん。いでや自ら死を決せんと立ち上りたる時、(たしか丑寅《うしとら》の刻ごろか)如何《いかが》しけん、*突如電光の如きもの飛び來り我が身、衝たるゝと覺ゆと同時に全身シビれ、身心恍惚《こうこつ》の瞬時、忽然虚空に赫々《かつかく》たる百千の大日輪にも勝《まさ》る南無砂法蓮華經**の大寶塔、懸り、その放つ無限光明(あゝ何んたる清麗の光明ぞ、タテにもヨコにも深さにも厚さにも、到らぬくまなし、盡十方《じんじっぽう》、四次元界とはこのことかと回顧すれど無限光明といふよりほか形容のことばなし)に照らされたる法界の姿——大曼陀羅界——顯現《けんげん》す。ハツと仰ぎ見たる刹那《せつな》……活然と本師の娑婆、二神一體而二の本國土の妙相を感得す。須叟***にして閉塔如去、元の闇々《あんあん》に還る、この間眞に一刹那、何分の一秒にも過ぎざりき。されど、あゝ我れ遂に靈示を得たり、直之說法に會えたり。一心に佛を見奉らんと欲して、倶出靈鷲山嚴然未散の實在を拜す。有り難き哉《かな》、忝《かたじ》けなし。吾れ眞に踊躍歡喜し、手の舞い足の踏む所を知らず。あゝ我がこの法悅《よろこび》を誰に語らん、誰れに告げん……南無妙法蓮華經〟

(昭和法難回顧錄)

眞に經文にある身心快然《しんしんけいねん》、踊躍歡喜《ゆうやくかんぎ》とはこの事でしよう。頭で理解《わかつ》たのではない、口で說かれて分つたのでもない、それらの理解を超越して身心《からだ》全體で體得したとでも申しましようか、解りと言うても禪的なものでなく、それこそ信による解《さとり》とでも申しましよう、一心に求めて止まざる末代幼稚の赤子に、佛大慈悲を起し佛智を以て靈示賜つたものとしか考えられません。

＊如何しけん　「どうしたことか」の意。「いかがしけむ」。

＊＊　南無砂法蓮華経　「南無妙法蓮華経」の誤植であろう。

＊＊＊　須叟　「須臾」(しゅゆ)の誤植であろう。

◇いのち踊躍歓喜

　とにかく生命をかけて得たこの法悅は抑えんとして抑えることは出來ません。心大歡喜は――正に爆發して――踊躍歡喜となり餘りの悅びに我を忘れて兩手を擧げ、足を踏み鳴らし、ブタ箱の中を踊り巡《まわ》りました。ビツクリしたのは曉夢を破られた獄友連中、頭をけられ、脚を踏まれスワ何事ならんと飛び起きたが、この態《てい》を見て呆氣にとられ「オイオイ、監房長!!　ひでいじやねえか、この夜の夜中に、蹴起しなんて一體どうしたんだイ」その頃、既に私は古參監房長で昔の牢名主以上の絶對權力王であつたので踏まれた者もブツ〱いう位いで、何《ど》うも出來なんだが、これが監房長でなかつたら、忽ちドヤされて袋叩きに會うのが當然であつたでしよう。

「お前ラには解らん、有りがたい事があつてのうヂツとして居れんのじや、辛棒《しんぼう》せい!!」

　尙も踊り巡るので、監房中皆起き上がつて目をコスリ乍ら呆れて見ている。

「監房長!!　一體なにがあつたです？」

「佛さまが現れたんじや」

「エエツ、何處に」

「こゝにだよ、この闇のドン底に御出《おい》で遊《あそば》したのだ」

「ジヨじようだんじやねえ、監房長、どうかしたんじやないかネ、それとも幽的《ゆうてき》にでもとりつかれたかなあ」

まるで氣狂い扱いにされて了いました、まあ併し無理もない。この深夜に躍つているのだから。

この時フト腦《あたま》をかすめた言葉
夜愈々更けて、曉、愈々近し――

人生闇黑《やみ》のドン底――罪惡の煉獄《れんごく》と謂われているこのブタ箱の底にこそ曉の光りが近づいているのだ。今、抑えかねて躍つているわしの法悦の心境は必ずこのポカンとして私をみつめている愛すべき獄友に解つて貰える――その時彼等罪惡の子は忽《たちま》ち信友たり法友たる事が出來る――その時が近づいている。彼等こそブタ箱の菩薩なのだ――と、法悦は彌增《いやま》して、今度はボリ〳〵と半風子《はんぷうし》*と闘爭を開始してゐる獄友を拝み巡つた。彼等は愈々ほんものになつたと思つたのか薄氣味惡がつて後ずさりする者もありました。

「いや、俺は氣狂になつたのじやない、何れ君達にも分つて貰える。そしてよろこんで貰える時がくる、キツト近くある。今夜のことは更めてお詫びをする。濟まなかつた、寢《やす》んでくれ」

＊ 半風子　シラミの意。虱（しらみ）という漢字が、風の半分であるというシャレである。

こうして深夜から曉にかけて踊躍歡喜の一幕が下りました。獄友連は再びフトンのない板子《いたご》一枚の上にゴロリと横になつて、明けに近い夢路を辿《たど》り始めた。私は矢張りウレシクて寢るどころではない、あの何んとも言われない清麗な大光明に照らされて、本有の尊形を示された法界の莊嚴さ——大曼陀羅界の眞姿——而も吾等が身心の依止處《えじしよ》たる本國土を十界の聖衆と全然別個別處に嚴然と二神を以て表現された日蓮大聖人の見事なる「事ノ戒壇」建立の妙相——げに〝今日蓮ガ所行ハ靈鷲山の禀承《ボンジョウ》ニ芥子《ケシ》許リノ相違ナキ色モ替ラヌ壽量品《じゅりょうぼん》ノ事ノ三大事ナリ〃(三大秘法鈔)の金言、今萬分の一にも足らない乍ら窺ひ得て、悦び身に餘り又しても踊躍せんとする大歡喜をヂーと押えて、今朝、約束の一週間、あの檢察官に、何んとしてこの大曼陀羅の妙相を說き、悦びを頒《わか》たんものをと……こん〱と涌き上る法悅にひたり乍ら更生に輝く朝を迎えたのであります。

(あゝこの日、大聖人、佛滅後二千二百二十有餘年未曾有の曼陀羅を始めて圖顯せられたる佐渡始顯の聖日なりき)

◇ どうだ!! 聽聞するか?

午前九時、待ちに待つた聲あり。

「二號監房の小笠原、出て來い」

「ハイツ」重い鐵扉《てつぴ》も今日は輕々と開く樣な氣がする、一週間めし一粒も、汁一滴も口にしなかつたが、元氣はハチ切れる許り《ばか》足許《あしもと》もフラつかず悠々として檢察室に入りました。

みれば檢察官は四角のテーブルの上に鞄と風呂敷に一杯、一件書類を詰め込み、いかめしい顏を聊《いささ》か和《やわら》げ乍ら、

「どうだね、考えが付いたか」

「…………」

「一週間待つて上げた、今日はハツキリした返事をきかねばならん、ナニお前が惡いというではないよ、日蓮が佛法に熱中して國體を忘れたのだ、所謂、法主國從思想、之が反國體思想の根源で、徹底的にやツつけねばならん、世間では日蓮を愛國僧の如く言うてゐる奴があるが以ての外だ、何にしろ、彼の曼陀羅に動かすべからざる根據が殘つてゐる以上、日蓮のカツギ屋も如何んともする事は出來まい。お前も早く清算して轉向するこつちや」

「…………」

「お前は箱《なか》に居るから世間は分るまいが世界戰爭も國內思想戰も段々激しくなつてるぞ、帝大であ

ろうが、博士であろうが、貴族院議員であろうが、ドン〳〵やられてゐる。いやしくも國體に反するものはどし〳〵片付けるのじや、不敬本尊に噛《かじ》りついてゐては日蓮も法華もあつたものじやない漸く身延なんかは氣が付いたか、今ごろになつてあわてて天照、八幡を取り除いているがネ、いくらとり消してもその根本思想がいかん、同じ取り消すならマン中の南無妙法蓮華經を取り除いて、南無天照太神と置き換える事じや、そこまで徹底せんと法主國從思想の清算とならん、どうだやれるかね」

「……………」

「アハヽ……どうやら返事せんとこをみると不服らしいね、然らばワシの訊問に立派に答辨出來るか」

「訊問には答えません」

「ナニツ、答えない‼」

「ハイ、私は罪人でありません、尊い世界に二人とない日蓮大聖人の魂を罪人としての訊問によつて答釋する事は餘り畏《おそ》れ多い、斷じておことわりします」

何時にない私の悠々たる態度と、自信に充ちた聲に、流石《さすが》の檢察官も度膽《どぎも》を拔かれ聊か呆ツ氣《あつけ》にとられた眼差《まなざし》で探る様に私の顔をみつめていた。

「私は今まで貴官の訊問に答えなかつた。それは正直に言うと分らなかつたからです。然るに今暁《けさ》ハツキリ解りました、いや教えて頂いたのです。靈界の日蓮聖人から直き直きに、この不思議は貴官に分りますか」

「……………」

「大曼陀羅本尊の正義が解ると同時に、これは餘りに尊いもので——到底貴官等の考えている様な小日本的なものではないと分り——若し貴官等がこんな小日本的な考で戰爭をしているなら日本の敗亡必然です。一つ心を入れ換へて大曼陀羅の正義を聴聞《ちようもん》し、眞に道の國日本の眞姿に歸入しようではありませんか、その前提として罪人を調べる如き態度を以て大曼陀羅を訊問する謗法不敬は斷じてやめて頂き度い、若し強《しい》て訊問による釋明なら、こと本尊に關する限り口が八ツ裂きにされても一言も申されませんぞ」

不思議に魂の奥からコン〳〵と金剛の信念が涌き上がつてくる。

「私はこの一週間、只今に至るまで、めし一粒も喰べてゐません、生命にかけて得た大曼陀羅の正義——貴官が四年間かゝつて謂べ*られた如く、七百年間未だ曾つて何人も解かざりし大曼陀羅國神

* 謂べ　「調べ」の誤植であろう。

の秘義が、時來つてか不肖私の魂を通じて亡國に沈まんとする日本に呼びかけようとしています。貴官は日本人として之に耳を塞ぐのですか」

どつちが調べられてゐるのやら、立場が變つて檢察官は呆然《ぼうぜん》として只みつめている。この時私の身內にモリ〳〵と盛り上がつてくる威神力を感じた、私の口から突嗟《とつさ》に恐ろしく氣合のかかつた大喝が發せられた。

「どうだ‼　聽聞するか？」

我れ乍ら無意識に出た大聲にビツクリしたが、相手の檢察官はなに思ひけん、

「ハアツ‼」と合掌して、「聽聞致します」と叫んだ。

◇不敬の根據を擊碎す

これから約四時間、晝めしも忘れて大曼陀羅の妙相、日蓮聖人圖顯の正義、本尊と戒壇等に就て感得のあらましを語りました、其內容はこの小誌に到底のせ得ないし、又改めて別本にして世に問ひ度いと存念してゐます。

たゞ大曼陀羅義にとつてはほんの序の口に過ぎない問題であるが、檢察官が威《い》高氣《たかげ》になつて不敬

の根據として「四聖に南無あり、六道に南無なし、然るに天照、八幡に南無なし、故に天照、八幡は六道に攝屬さる。かるが故に日隆は天照、八幡を鬼畜に配入す。大不敬反國體の惡逆思想なり」と曼陀羅國神の南無問題を出したのは次の問答によつて根底から破碎《はさい》されました。

「貴官は四聖は悟界なる故に南無され、六道は迷界なる故、南無されずと申されましたが、四聖とは何々ですか」

「それは佛、菩薩、聲聞、縁覺、だ」

「貴官、眼あらばとくと八幡の下を見られよ」

「……………」

「八幡の下に何んと書いてあるか、讀まれよ」

検察官テレ臭さうに

「……八幡……大菩薩……」

「モウ一度反覆して下さい。八幡大菩薩ですぞ、御分りになりましたか」

「何にが……です」

「大菩薩は何界ですか」

「…………」

「言ふまでもなく、菩薩界の最大なるものでしよう、大曼陀羅中、菩薩は本化、迹化、と數多けれど、大のついた菩薩は、八幡大菩薩あるのみ、而して貴官に問ふ、大菩薩は四聖の中に入らんのか」

「…………」

「貴官は四聖なるが故に南無さると原則を立て乍ら今、大菩薩に南無なしとせば、貴官の原則は自ら破られた、自語相違を如何に解きますか、承り度い」

「…………」明らかに周章《あわて》當惑の色を表わす。

「それとも大菩薩は四聖に入らずと斷定せらるゝや、然らば大菩薩を六道の何界に入れますか」

「…………」……全く答辯に窮す。

「次ぎに御尋ねしたい、天照太神は八幡の上でしようか」

「それは、系統上から言つても上ですネ」

「然らば大菩薩の上は何界でしよう」

「佛……佛界でしようなあ」

「これまで御解りになれば及第です、勿論仰せの通り菩薩界の上は佛界あるのみ、天照大神は佛なること理在絶言《りざいぜつごん》の境地です、されば總歸命の曼陀羅には南無天照……佛と勸請されてゐます。日隆上人が、法華經の明鏡に照して（內證）天照は佛、八幡は菩薩と、佛、菩薩の二界に攝したのは正しく日蓮聖人の內證眞實を承け繼いだからです」

「鬼畜説はどうなります」

「それはハツキリ〝「現相」を以て之を言はば〟と斷つてある。現相とは內證の反語で、法華經以外の凡鏡に映し現された世間通途の説といふ事で、つまり貴官等の六道二神説がそれです」

「なる程、まるで反對になりましたね、然し私の自語相違は別として、曼陀羅中、四聖に皆南無が冠してあるのに、明らかに大菩薩と書いてある八幡大菩薩に南無が冠してないのはどうした事でしよう、日蓮の書き忘れではないでしようか」

「じようだんではありません、貴官が見せた數十枚の御眞蹟の曼陀羅中に一枚でも南無八幡大菩薩がありましたか、例外なく全部書き忘れるということがありますか。然らば何故、天照、八幡に南無がないのか之が重大な鍵です。信解の一端を述べましよう」

◇二神號を以て本國土の圖顯

「八幡大菩薩と明らかに四聖の中の而も大ぼさつであり乍ら、南無と冠稱なきは何故でしよう、又天照太神は八幡大菩薩の上位にあるにもかゝわらず南無と歸命なきは如何？　貴官の御不審尤《もつと》もです、併しこの南無のない不審こそ一閻浮提未曾有と稱せられる大曼陀羅圖顯の聖意を秘めた奥藏を開くカギではないでしようか。

貴官も長年、本尊不敬を摘發せんとして曼陀羅を研究されたといはれたが先づ貴官に御尋ねしたい、*曼陀羅中の天照太神、八幡大菩薩は十界の所謂四聖六道の內へ入るべきものでしようか、それとも十界の外に置くと拜すべきものでしようか」

「一切の衆生は、十界に漏るゝものがないとすれば、神も亦、十界の何れかに入るべきではないでしようか」

「然り、十界內の聖衆の一つとしての勸請ならば確かに總歸命の曼陀羅のように、南無天照八幡等の諸佛として勸請すべきであります。若し十界內とすれば他の佛菩薩に南無し《なむ》**乍ら、天照八幡の二神に特に南無せざるは正しく貴官のいわるゝ通り言語道斷の不敬でありましよう、然し乍ら深く日本國體の神髓を洞察され、前後無比の忠臣を以て任ぜられた、日蓮聖人に何うしてかゝる疎漏、故意の不敬がありましようぞ」

＊ 、 原文のまま。テン誤植（活字の向きが正しくない）。

＊＊ 南無し　「帰依し」の意味であろう。原著一一一ページ参照。

「そうすると天照八幡は十界外になるといふのですか」

「そうです、天照八幡の二神號は十界の聖衆の一つとして勸請されてゐるものではないのです。このことをハツキリと信解しない爲めにとんでもない不敬*などと言ふ迷妄が生ずるのです、こんな迷妄が起きるということは結局、聖意による本尊圖顯の構成をよく究めておらんからです。

　貴官は四年半も本尊問題を研究したとよく言われたが、先づ第一に日蓮聖人によつて圖顯された本尊の構成要素は何んでしようか」

「…………」

「一言にして言へば勿論南無妙法蓮華經の事妙世界でありますが、之はとりもなほさず本佛所照の己心三千具足三種の世間を表現せられたものと思います」

「ちよつと解りませんなあ」

「日蓮聖人の觀心本尊鈔《かんじんほんぞんしょう》の有名な四十五字の段に觀心本尊の剋體《こくたい》を
〝今本時ノ婆婆**世界ハ三災ヲ離レ、四劫ヲ出デタル常住ノ淨土ナリ、佛既ニ過去ニモ滅セズ、未來ニモ生ゼズ、所化以テ同體ナリ。コレ即チ己心ノ三千具足三種ノ世間ナリ〟

と實に莊重雄渾な文字を以て說かれていますが、この三種の世間とは一體、何にを指しているで

* 不敬　圏点（傍マル）は、この二字に施されるべきものだったと思われる。

** 婆婆　「娑婆」の誤植であろう。この場合の読みは、「しゃば」。

しよううか＊」

「三種の世間といふのは、衆生世間、五蘊《ごうん》世間、國土世間のあれをいうのではないですか」

「その通りです曼陀羅本尊圖顯の構成要素というのはこの三種の世間のことです」

「三種の世間が曼陀羅に表現圓具＊＊されてゐるというのですか」

「よく解つて來ましたネ、更にその構成要素を拜察さして頂きましよう」

「先づ衆生世間は上は佛界の四聖六凡の聖衆によつて明らかに表圖されています、五蘊世間は衆、國、の兩世間の在るところ、その元素として存在するはこれまた明らかであります、然るに國土世間は一體何處《どこ》に圖顯されているでしようか。本尊抄に、十方分身の諸佛が大地の上に處して迹國土を表したとあるが、然らは其十方の中心たる本佛が虚空に居して顯わされた本國土は曼陀羅の何處に圖顯してあるのでしようか」

「…………」

「コヽが肝心です、この本國土こそ天照、八幡の二神號を以て圖顯されている處なのです、本尊抄に仰せられた本師の娑婆とはこの事です。この本師の娑婆の上に南無妙法蓮華經の寶塔が空に居してゐるのが本尊の體《てい》タラクであります。

＊　しよううか　しようか（しようか）の誤植であろう。

＊＊　圓具　原文のママ。あるいは「圖具」（図具）の誤植か。

74

〝一閻浮提第一の本尊この國に立つべし〟とのこの國とは天照八幡の二神號によって表示された本國土であることが、國土世間の中心として曼陀羅に圖顯されてゐるのであります」

「そうすると、衆生世間の佛、菩薩として勸請してゐるのではなくて國土世間の中心本國土としての表現故、南無の冠稱がないというわけですか」

「そうです。天照八幡の二神を、佛、菩薩として勸請しているのではなく、本國土の表現として二神號が用いられたのだということが解れば、南無の冠稱がないのが當然である。亦更に玄妙の深意が藏されていると思いままず*」

「なる程」

◇南無される本國土

「若し假りに南無が冠稱されているとせば、南無されたと同時に南無することゝなり十方法界の中心、本國土表現の聖意が沒却される事となります、これ日蓮聖人圖顯の本尊が貴官の指摘せらるゝ如く、例外なく天照太神、八幡大菩薩に南無のない所以《ゆえん》と存じます」

「それはどういうわけですか」

* ままず「ます」の誤植であろう。

「貴官は本門法華宗の木像式三寶を御覽になつたと思いますが、他宗と全然違う所は佛界最高の釋迦多寶兩尊が合掌していられる御姿です、普通の佛像は合掌しないで印《いん》を結んでいられる、それは佛は最高中心であるから拜まれる即ち合掌して南無されるものである、としているからです。然るに本宗の佛さまは明らかに合掌していられるあの御姿は、何に向つて合掌し、從つて何に南無していられるのでしようか」

「…………」

「分り易く言えば、本佛、本法、本國土の總名、南無妙法蓮華經に向つて、南無している姿であります。それが南無釋迦牟尼佛、南無多寶如來と圖書《ずしよ》されているのであります。そこで御分りでしよう、天照八幡の表示は本國土である以上十方から南無《なむ》さるべきものでなければなりません。若し萬一、南無があれば外に南無される中心國土があるといふ事になるでしよう、貴官の望まれる如く南無が冠稱されているものであつたら、空に居した寶塔の土臺がメチヤクチヤになり國土世間の中心が本尊がらなくなつて了わねばなりません、十方を知見し三世を了達した閻浮第一末法の大導師たる日蓮聖人が何うしてかゝる兒戯を爲すべきでしよう、たゞ時來《きた》らざれば聖意も顯れず、時を待つべきのみと押えられましたが、豫め南無なきを以て不敬に墮《おと》さんとの「無慈悲の讒言」の起り來るを知つて、その時の用意に、八幡大神と神號すべきところを特に八幡大菩薩と圖顯され、大菩薩號を以つて一擧に六道鬼畜說不敬論を擊碎すべく深意を書き留められたものと固く信じます。

要するに大曼陀羅は宇宙法界と我々の本體とを餘す所なく究めつくして表現され、特に眞日本の正しき在り方を顯示された全く「日本の柱」であります。これを倒さんとするものは正に日本を亡ぼさんとする國賊であり、人類の敵であります。以上貴官に於いても大分御解りのことゝ思います。これでも尙大聖人の曼陀羅を不敬なりと謂われますか」

「…………」

默然として言なし。

◇頭破作七分

暫らくして檢察官は顏面蒼白となり頭を抱えて苦しそうにテーブルにうつ伏した。
私は驚いて
「どうしたんですか」
「ウム、頭が痛い、割れる樣だ」

「なる程、法華題目の行者を迫害せば頭《こう》べ七ツに破れなんことは鬼子母神の誓呪である。眼に見えなくとも貴官の頭、割れて、謗法の出血によるものか、一刻も早く懺悔滅罪して一乗の妙法に帰入せられんことを逆縁《ぎやくえん》*ながら心から御祈り致します」

◇如來の事を行ず

四時間に亘る本尊問答の大詰めがかくして一往幕を閉じたのですが、奇蹟に導かれた自分の魂の絶叫が果して法界に感應せりや否や、今は一檢察官を相手に闘つているのではない、聖意に叶えば必ずやその驗《しる》し現れなん、とも角《かく》言うべき事は言うた、なすべき事はなしたと、監房に歸ると重荷を下ろした時の様に疲れが一時に出てドツと身を横たへたが頭が却つて冴えて眠れない、静かに今日の問答を反省してみる、先刻自分が言うたと思うたがそうでない、自分にあんな力強い腹がない何ものかに言わされてゐる。そうだ如來《によらい》秘密神通《じんずう》の力だ。「如來の使として如來の事を行ずる」あゝ匹《ひつ》夫《ぷ》も信に目覺めて如來の使となり、凡愚も信によつて如來の事を行ずる事が出來とはこの事だ……と閉じた瞼を破つて瀧の如く溢《あふ》れる涙を禁じる事が 出來ませんでした。その後は一切調べがなかつた。

＊ 逆縁　ここでは、親類縁者でない者が供養すること。

蚤と虱《しらみ》を友として目に見えるものは鐵窓を通して長田神社の大槐樹のテッペンが風にゆら〳〵するだけ。面接は一切禁止されたまゝ外界の事は何一つ分らない、たゞ警衛の巡査の服が全黑から上黑白ズボンに、やがて全白に變つてくるのが、夏來《き》にけらしを知るよすがともなる位のものです。

◇食事檢査

突如、無聊《ぶりよう》を破る事件が起き上がつた。ある日夕食の最中、突然扉を排して五・六名の私服、制服の刑事が飛び込んで來た。やにはに私の辨當をとり上げて、おかづを點檢し出した、高野トーフをつゝいたり、卵のカラを嗅いだりおかしな仕草《しぐ》さに何んの事か、私等はたゞ呆ツ氣にとられてゐる許りでした。

後で聞いたことですが私等の投獄後に於ても無慈悲の讒言愈々激しく、「彼等法華宗の不敬漢共更に悔悟の色なし、剰《あまつ》さへ獄外との連絡を持ち卵の中味を拔いて酒を入れ、高野トーフに酒をしみこまして中で飲んでゐる」等とおよそ奇想天外の中傷投書する者があり、遂にかの食事檢査の一幕となつたとの事でした。

◇救援運動弾壓さる

こんなことで検察官憲の眼は獄外え光り出しました。第一に救援運動の弾壓となつて現われ始めた。最初「法華宗の法難來る!! 犠牲者を救え」と叫んで神戸地元は勿論、京阪神の僧俗同志が總動員で差し入れ等に懸命に動き出したのでした。極秘裡《り》に日蓮本尊に不敬の極印《ごくいん》を押し法華宗を葬り去らんとした官憲にとつて、この外部の救援運動を、それは例え差し入れ等の純然たる人道的運動にせよ、甚だ怪《け》しからん事であり、官の御威光を怖れざる不逞の輩どもと憎んだのでしょう。

果然救援運動の陣頭に立つて居た藤田君＊が音もなく姿が消えて了つた。家では驚いて八方探したが分らない、漸く數日後に差入に警察へ行つてそのまゝA署＊＊に投り込まれてゐる事が分つた。これをきつかけに續々救援運動の面々が兵庫警察の特高本部へ呼び出されて、

「あんな不敬漢共を救援するとは何事じや。キ様らも入りたければ何時《いつ》でも入れてやるぞ、大體宗門の自粛反省が足らん愚圖《ぐず》々々してゐると法華宗はつぶされるぞ」

この威喝《いかつ》に人の良い坊さんは皆青くなつて縮み上がつた、その日から差し入れ巡《めぐ》りはピタリ止み警察は文字通り鬼門となつてウツカリ行くと放り込まれるぞと互に警戒し合うた。

＊　藤田君　藤田晃道のことであろう。

＊＊　A署　兵庫県警察部相生橋(あいおいばし)警察署のことであろう。

◇宗門の强制自肅

救援運動の彈壓は色々なデマを生んだ。

〝今、ブタ箱へ投り込まれてゐる坊主共は戰時反逆罪で無期か、ひよつとすると銃殺され、法華宗は當然解散される〞

デマの放送は見事効を奏して宗門を震ひ上がらした。宗門がつぶされては一大事だと何にしろ氣狂い風の吹いてゐる軍、官、の獨裁時代だ。何をやり出すか分らんと宗門の元老は眉をヒソめて對策を講じた。宗門自肅の意志表示として俄かに神道張りの「ミソギ」が流行し出したのもこの對策の一つであつた。老齢七十の岡本管長、福原、市島兩大僧正を先頭に宗內上層能化《のうけ》階級數十名が海邊や川岸に集り、褌一貫で水へ飛び込み、「罪けがれ、拂い給え、淨め玉え、大ハラヒドの太神*」と世にも悲痛な叫びを擧げたのも、今から思えば笑えぬナンセンスであるが、當時宗門の存亡を眞劍に案じていたこれ等憂宗の師としては、いのちがけの護法運動であつたに相違ありません。

か樣な緊迫した外界と全然、絶緣の境地に置かれ乍ら私等は僅かに與えられた信念の自由の下《もと》に如何に思索し行動したか、筆を更めて筆者並に投獄諸師の獄中消息を語りましよう。

＊ 大ハライドの太神 「祓戸大神」(はらえどのおおかみ)のことであろう。

◇監房長となる

監房生活は別名ブタ箱で知られている通り所謂娑婆（世間）と絶縁された別世界であるが、内部には自ら嚴たる秩序があり、入監の前後による先輩後輩の鐵則、次第順序が嚴重に守られ、この頂點に監房長が統在してゐる。それは所謂昔の牢名主でこの監房の絶對者であり、彼の命令は何人も反抗を許さぬ至上命令であります。

私は思想犯といふ立場から（思想犯は一番威張つてゐる）畏敬？されてか、比較的早く出世して監房長になりました。この監房のヱンマ大王の王位を表象する一個の枕（これは監房長だけが使用出來る）を手にして、新入りの者共に

「キ様等は娑婆にゐて何をして來たか‼」

とド鳴る役目には我乍ら苦笑を禁じ得ないものでした。併し又この監房長は呵責《かしやく》のヱンマであるとともに、又彼等罪人の唯一の相談相手として六道の辻の御地藏さまでもありました。

私はこの地位を活用して、願うてもなきこの絶好の機會に――前科五犯、六犯の強盜、殺人、バクチ、誘カイ、放火、強姦等――惡の闇路から闇路へと渡り歩いている、ほんとうの惡人共に妙法

下種が出來て果して御題目を受持させることが出來るか、否かの――「惡人即身成佛《じようぶつ》」の實驗を試みんとその期を待つたのであります。

◇逆縁下種

元來、私がこゝのN署長が保護室に居れといふ絶大の好意を謝絶して自ら進んでブタ箱入りを志願したのも目的がこゝにあつたからです。併し之れは中々容易でない事を發見した。何にしろ生れてから佛法のブの字も聞いたことのない、凡そ神とか佛とか宗教には全く無縁の衆生どころか反對に惡逆提婆の眷屬《けんぞく》である彼等に法を說いても、全然受けつけないのが寧ろ當然でありました。ウルさい、抹香《まつこう》くさい事言うな、死に損《ぞこな》いに說教してやれ、俺等は要らん……といふのが彼等の聲でした。監房長の私も熟考せざるを得なかつた、ふとある事からヒントを得て毎朝起床と共に教育勅語を復誦する事にしました。

「父母に孝に兄弟に友に夫婦相和《あいわ》し……」と何回も復誦し、

「お前らにもおやじや、御ふくろが居るだろう一ぺんでも親を喜ばした事があるか、兄弟は仲よく助け合つた事があるか、家内はたとえお前らがこんな處え入つていても、一日も早く出る事を祈つているのだ、子供の爲にもなあ」と……切々と責め立てゝみた。何回もやつてゐる中に、中には涙を流すものも現われて、段々と流石の彼等も反省的となり、まじめになりその効果が第一にブタ箱内の清掃に現はれてきました。誰が命令するともなく、何時の間にか塵《ちり》一つ落ちていない行きとゞいた清淨さに、様相が一變して看守を驚かすに至つた。漸く時が熟してきた。

「さあ今度は二度とこんな處へ入らぬ御題目を教える。やれるかね」

「なんの、やりますよ、いのちにかけて受けますよ、教えて下さい」

「よし!! それではやつてみろ、理クツは後からじや、先づワシのやる通りやつてみるんだぞ」

四疊敷きの監房、板の上に十六人を車座にしてマン中に正座した私は嚴然として合掌し、腹の底から出る聲で

「南無妙法蓮華經」……と三度導唱した。

「さあ、一番見やつてみろ」

私に指さゝれた左端の一番目に居た男は明らかに狼狽した、人殺しも平氣でやりかねない猛々《たけだけ》しい男であつたが、キマリ惡そうにそれでも手を合し

「ナ……ムヽ……」とマツ赤になつて氣張つてゐるが不思議な事に後が咽喉《のど》に支えて出てこない。

「駄目‼　その次ぎ」

二番目に居た男は「なに‼　糞‼」と唸《うな》つて、のり出たがこれも又
「ナナ……ム……ミヨ……」の邊で聲がカスレて苦しみ出した。

「あかん、三番目」駄目、到々十六人中一人として滿足にお題目を唱へ切るものはなかつた。

餘りにもミニクイ自己の姿に迷げ出さ*んとする本能的しゆう恥のもがきであつたかもしれない。

而も彼等は齒切《はぎ》りして、目に涙して殘念がるのでした。

◇惡　人　成　佛

彼等の眞劍な求道生活が始まつたのはこの時からでした、唱えんとして唱え得ない妙法の經力《きょうりき》に撃たれて始めて自覺した……、自己の罪業の如何に深重なるかに戰慄した彼等は――現實曝露の悲涙が反省となり懺悔となり更に精進となり、次第に純信へと深まつて行つた。毎晩の獄中説教は曾てない熱を帶び、熱心に耳を傾け、幼稚乍ら眞劍に質問をして來ました。全く惡にも強い彼等は善にも勇者であつた**、懺悔の慈雨に叩れて佛性《ぶつしょう》の蓮花は急速に開き出した。

果せる哉《かな》、一週間後には、この世の地獄とよばれるブタ箱の一室に題目道場が涌出した。

＊　迷げ　「逃げ」の誤植であろう。

＊＊　悪にも強い彼等は善にも勇者であった　「悪に強いは善にも強い」ということわざがある。歌舞伎では、河内山宗俊（こうちやまそうしゅん）が、このことわざを使っている。

監房長の茶椀をおリン*の代りにして私が導師となり「これも私が差入れ辨當の御箸をとがらして監房の板壁に彫書した曼陀羅本尊に向つて」半裸のまゝ乍らキチンと正座した彼等が後に控えて一心に合掌して題目を唱へる姿——これが世間の嫌はれもの、前科數犯の惡黨共と誰れが謂えましよう。正しく妙法五字の光りに照らされて本有《ほんぬ》の尊形《そんぎょう》を現した地獄界所具の菩薩であります。朝、晝、晩、三回に亘つてほゞ一時間位い毎日熱心に題目修行をやりました。彼等は見違える程立派な人間になつて題目口唱の法悦を交々《こもごも》感激を以て語り合うのでした。只彼等の悩みは冷酷慘忍で赤鬼とアダ名されてゐる看守（巡査）に聞き咎められて題目禁示**を申し渡されはしまいかという事にあつた。それで皆要心して小聲で唱えて居つたのですが、到々ある日赤鬼にみつかつて、獄中法難が起つて了いました。併し端《はし》なくもこの法難事件を機として赤鬼が飜然法華の同信者となつたのでありました。

◇則遺變化人

赤鬼と恐れられた監視（擔當巡査）大熊良三郎氏が題目の同行《どうぎょう》となつてから陰慘な監房もパッと明朗化した。

今までのブつたり、蹴つたりのブタ箱責めはハタと止み、朗かな題目口唱の御つとめが始まると、

＊　おリン　読経のときに叩く、小さな椀形の仏具。鈴（りん）、鈴（れい）。

＊＊　禁示　「禁止」の誤植であろう。

氏は隨喜して走つて來て

「それ‼　御布施じや」

と監房の扉を開けて廊下の空氣を差入れてくれたものでした。

勿論この御布施は大熊看守の首をかけての供養《くよう》でした。檢束拘留者をブチ込んでゐる監房の扉を開け放すことなんか、常識的にも規則違反であり、上司にみつかれば首は元より覺悟の前だ、併しこんな立派な事は首をかけてもやるんだと言うていました。この熱烈な外護者のお陰で題目道場は次第に擴大し他の監房にも共鳴者、信奉者が現われ、長田の題目道場の名前が次第に有名になり、終《つい》には其筋の見學者が押しかけてくる樣になりました。

◇　題目の聲に送られて

一番嬉しかつたのは遂に不起訴（無罪）を克ち得て、百十三日目に監房を出所する時に獄中教化の信友が一齊に異口同音に題目高唱を以て送られた事で、この事は私の一生忘れることの出來ない思い出であります。

出所の時、監房の憲法として次々歴代の監房長へ遺訓としてをいた題目行はその後も依然として

續いた樣子で、その後當時兵庫特高の宗教係長をしてゐた萩原清警部から
「貴師、長田大學（長田署監房のこと）入學以來、校風一變、題目道場出現と相成候事、實に驚嘆に堪えず、私《ひそ》かに敬服在罷《まかりある》處に御座候」云々
の報告に接し實にありがたく感じました。

◇水上の明月
——悠々たる前總監三吉日照師——

不敬團體の首領

四・一一の嵐*が東京の宗務本所を襲うたのは當日の朝、明けて間もない牛込の本所へ、神戸特高の宗教係長の萩原警部自らが警視廳の應援を得て乘り込んで來た。

「一寸三吉さんに來て貰いたい」

「何處えですか？」

「神戸まで——いやほんの二、三日です」

當時既に宗務總監を辭めて顧問の閑職にあつた三吉師であつたが、何にか宗門に絡る重大事件…

…と直感せざるを得なかつた、東京驛で後から捕つてきた株橋君と一緒に刑事三名に護送され神戸

＊四・一一の嵐　一九四一年（昭和一六）四月一一日、旧本門法華宗の幹部らが検挙される。

へ着いたのが、ま夜中の十二時過ぎであつた、その晩は、相生橋《あいおいばし》署のブタ箱へ放り込まれて了つた。

何にが何んだか分らない、翌日引張り出されて二階へ上げられた、そこに青い顔の係官が居た。

「一體、何んのことでしよう」と尋ねたら、

「シラばくれるな、キ様は不敬團體の首領じやないか」と一喝を喰わされたがやはり分らない。

やがて水上署へ移されて翌四月十三日、兵庫縣特高課長高山一三、萩原警部、富岡警部補（青い顔した係官はこの男だつた）等の前に引き出されて、始めて本尊問題、天照太神に關する不敬事件なる事を明らかにされ、既に國家的重大問題として內務省、司法省で打ち合せ濟の上、岩村檢事總長の命令で全國的に手配された、容易ならざる事件の全貌を示されたのでした。

「三吉、さあ差し入れだよ」とよばれて、齒みがき粉、タオル、毛布等を渡された時、泌々《しみじみ》と宗門未曾有の大危難に際して「囚れの身」となつたことを痛感して、流石の三吉さんも萬感交々胸に迫り男泣きに泣いた。

監房揮毫

師は、株橋教授に命じて修正教義綱要を編述させた責任者として宗政の全面的訊問に遭ひ、殊に

曼陀羅本尊と國體の關係について東京檢事局の神保檢事及神戸吉岡檢事の徹底的追究を受けたが、師の博識と何によりも溫雅高潔なる人格は、觸れる人をして悉く尊敬の念を生ぜしめ、殊に直接査問の衝《しょう》に當つてゐた萩原警部の如きは「現代宗教界稀に見る高僧」として渇仰し、相當上層のおエラ方から師の揮毫を乞ふもの引きもきらざる奇現象を現出した。

師の入つてゐた水上署は外人を拘留する唯一の監房だけあつて、便所も水裝であり、海に面して風景もよく囚人アコガレの的であつたが、この別世界の掟《おきて》は此處《ここ》でも免れ難く、師も

蚤しらみ蚊にせめられて夜もすがら

の一句に監房の苦しみを詠じて七月二十九日起訴猶豫附で一番早く出所したのでありました。

◇須磨の松風

——教學部長　松井正純師——

「松井の奴、風喰つて逃げたらしい、未だ捕らん」……神戸の特高の檢擧本部ではサツト一抹緊張の空氣が流れた、目ざす六人の中五人までは捕えたが中心人物の松井の影も姿も見當らない、アワを喰つた檢擧陣は自坊のある京都本能寺から大阪の藤井寺《とうせいじ》、堺の顯本寺《けんぽんじ》、東京の宗務廳と血眼になつて探し巡つたが、何處にも居《お》らない、さては神出鬼沒俊敏を以て聞ゆる松井のことだ、何處かで

この絶對秘密の檢擧を嗅ぎつけて逸早くも高飛びしたのではあるまいか。

その頃、四月八日、三門流合同奉告大法會《ほうえ》を本能寺で濟した松井師は悠々と大阪の藤井寺から、親友釋泰文君の本行寺《ほんぎょうじ》へと渡り歩いていた。

十一日の朝、ケタタましい電話のベルの音に同室に床を並べて寝ていた泰文君は、飛び起きて行つた。やがて歸つてきて曰く
「松井、武庫川《むこがわ》へ神戸の特高が數名飛び込んで來て、株橋の書齊を引つくり返して行つたさうだぜ、尼ケ崎もやられているらしいよ」

「一體何んやろう?」

檢束百二十回

どうやら事の重大性を感知した松井師は慌てゝ尼ケ崎の學林へと馳《はせ》つけた、飛んで火に入る夏の虫とは正にこの事、そこには尼ケ崎署の刑事が待ち構えていて、いといんぎん丁重に神戸へ同行を願はれた、時に午前十時半、「松井遂に逮捕さる」と神戸の檢擧本部でドット凱歌の擧つた時刻であつた。

師は菊水橋署から須磨署へとリレーされた。

「一體どうしたというんですか」

「默つて入つて居ればいゝんだ」

フト側の檢束簿を見ると
「松井正純
右者《みぎは》、神戸市太田町二丁目を泥醉徘徊につき保護檢束す」と書いてある。

「エツ、これは僕のことですか」

「そうじや」

「私は太田町なんか歩いた事もないし、又泥醉徘徊したなんて全然していませんよ」

「せんでもした事にしてをかんと、檢束の辻つまが合はんからのう」

師も茲ですつかり觀念させられて了つた。爾來、毎日（二十四時間毎）泥醉徘徊で紙上檢束されること百二十回に及んだ。（人權尊重なんか屁とも思はれん時代で今昔の感に堪えない）

無學の學

師は苅谷教授の著「本門法華教宗義綱要」の責任者として捕えられたことになつてゐるが、發行人たる前總監貫名*日靖師を擧げないで、師を狙つた處に、無慈悲の讒言が働いている。

とり調べは教學部長の職責上、教學の事から始まつたが松井師は一切知らぬ存ぜぬで頑張り通した。檢察官も始め腹を立てゝ

「教學は知らん、分らんというが、キ様はそれで教學部長がつとまるか」

「教學を知らんから教學部長がつとまるのです」

「なに‼」

「教學を知らんから學者の說を素直に受け入れて行政が出來るので、若し私が相當な教學者で自說があると却つて邪魔になつてウマク行かんのです、文部大臣は必ずしも學者に限らんですからなあ」

「ウム、そういふこともある」

「法華宗の三派が合同して各々短を捨てゝ長をとらねばならぬ時に、生じつか**一派の教學だけ知つてゐる者では却つて困るといふので、私の様な無學者が教學部長に推された譯ですから、私に教義を訊問しても駄目ですよアハハヽヽ」

「なる程、面白い、さう言へばワシにもそんな經驗がある、藝者の試驗をした時になあ、長唄も清

＊ 貫名 「貫名」の誤植であろう。

＊＊ 生じつか 「なまじっか」と読む。「なまじ」（憖じ）に同じ。

元も、何んにも知らないワシの採點が玄人の女將の採點とピッタリ合つたことがあつてね、やはり無學の學といふものがあると感じたよ」

こんな具合で検察側もアキらめたのか、大したとり調べもなく、獄窓に須磨の松風を聴くこと百二十日、それでも一番長くとめ置かれて八月七日の朝検事から*「又何時でも引つ張るから」というありがたくない起訴猶豫附きで出されたのでありました。

◇ 葺合の生き佛

――本門法華宗教義綱要著者　苅谷日任師――

十一日、朝早い師は朝勤八品《はつぽん》讀誦中、岩谷他二人の刑事に踏み込まれて、嚴重な家宅捜査の上、檀頭《だんとう》え一言後を頼んで行き度いとの切願も斷られ、村民の物珍しげに立つている小屋**の村道を、刑事に護衞されて神戸葺合《ふきあい》署のブタ箱へ投りこまれて了つた。

事件の首魁

師は事件の首魁と見られているだけに、検察陣も愼重を期し、久保、萩原、富岡の警察側、吉岡

＊　八月七日の朝検事から　この一〇文字は、三版では、「八月七日の朝、吉岡検事が須磨署に来て」と訂正されている。

＊＊　小屋　木屋の誤植であろう。木屋（こや）は、大阪・友呂岐（ともろぎ）村の地名。本文一〇六ページ参照。

神保の検事側總がゝりで教義上の追究をされた。併し「苅谷研鑽二十年」を以て鳴らした師の研學の堅實さは、まるで大學教授が小學生をあしろうようなものだつた。諄々として說く師の教學の深さには検察側も頭を下げたが、上からの命令である不敬罪の起訴處置は既定の方針として如何んともすべからざるものがあつた。溫厚篤實な師は毎日讀經《どきよう》唱題していた、始めウルサがられていたが一夜同監の急病患者を唱題で祈念して救してやつたことから生き佛の如く同監者から尊崇され、師の教化を受けて次第に合掌するものが多くなつて來た。

師は監房長は辭退してならなかつたが、その代りに雜役係りを拜命し、腰にカギをぶら下げて留置人の出し入れにいさゝか廊下の新鮮な空氣を吸う光榮に浴した。こゝでは流石の生き佛も看守の赤鬼の助手に過ぎなかつたと、現本能寺の貫首猊下《げいか》も苦笑せざるを得なかつた。

死のうとしては聖祖に叱らる

七月二十一日、吉岡検事から不敬罪を以て起訴處分に附することを宣告され、翌日直ちに神戸橘町の拘置所（未決監）へ入れられた。かねて存知《ぞんち》の旨であつたが、青い囚人服を着せられて獨房へ入れられると感慨又新に涌くものがあり、頻りに宗祖日蓮聖人の土牢御書《つちろうごしよ》が戀しく拜誦《はいしよう》されるので

あつた。ある日「法難を感謝せよ」と自分え言い聞かせる聲が看守の耳に入つた。烈火の如く怒つた看守は

「キ様等が法難ならば此つちが法敵というわけか、生意氣なクソ坊主め!!」

手錠をはめて便器の蓋をとりあげて散々に撲つた。師は靜かに題目を唱え乍らなぐるまゝに任して瞑目していた。

師は述懐する

〝一ケ年の獨房生活中、辛いこともかなりあつたが、何よりも自分の不注意から宗門に迷惑を及ぼしたこの事が一番氣に懸り、幾度も死のうかと思ふた事もあつたが、その都度神戸え引つ張られる直前、東浦榮次郎氏から奉納された宗祖の御尊像が現れて激勵されるので、今死んでは犬死だと勇氣を奮ひ起しましたよ〟

一心欲見佛、不身惜身命。師の教學に筋金の入つたのは、たしかに獨房一ケ年死生往還の賜物であつた。

◇ 林田の風流

――修正綱要の著者　株橋諦秀師――

學林の學務用件で昨夜上京したばかりで宗務本所で泊つていた株橋教授、十一日早暁、思ひもよらぬ特高踏み込みの捕物騒ぎで、三吉上人が引致《いんち》されるのを側で呆然見送つていたが、間もなく三吉師の口から株橋も宗務本所え來ていると聞いた特高はソレッ逃がすな‼　とつばめ返しに飛んできて師を捕えて三吉上人と仲よく同道、神戸え護送され、その晩は三吉師と相生橋署に同宿し翌日は林田のブタ箱へ投り込まれた。

師は修正本門法華宗綱要の起草者として苅谷師に次ぐ事件の張本人であるというので、検察陣の峻烈な取り調べに會つたが、頭脳明晰な師は縦横に會通《えつう》して敢えて凝滞《ぎようたい》する處がなかつた。

「若いが年に似合わんしつかりした奴じや」

検事も三歎した。果せる哉、その後五ケ年苅谷師を援けて公場對決に活躍した獅子奮迅の勢いは物凄いものであつた。

常　不　輕　行

師の獄中生活は懺悔と反省と精進とであつた。日夜懺悔の唱題は口を絶たず嚴しく自己反省の鞭を加え、更に勇猛精進えと突進した。師にとつてはこの苦難は寧ろ法悦でもあつた。

七月二十日、茢谷師と同時に起訴を宣告され青服の囚人服を着せられて未決の獨房え收監されたのであるが、師は少しも悲觀しなかつた。寒夜に冷めたいコンクリーの廊下え引きづり出されて看守から手錠でなぐられたが、師は常不輕菩薩のそのまゝに撲つた看守を禮拜して却つて看守を狼狽させたこともあつた。

◇ 相生の變り種

——隆門綱要の著者　泉智亘師——

師はその著、隆門綱要に天照太神を鬼畜に分別しおまけに鬼子母神を諸神の體の神也。との圖解までのせて不敬事件の發端を作つた人で、不敬思想から言えば一番重い筈であるが、この人は他の五師と立場が違い、摘發者側の法類中にあつたためか、途中赤痢で相生橋署から保釋されたまゝ起訴猶豫で了つた。

泉師はその後、法華宗を脫宗して佛立宗え入つた。

二　日蓮陣營震駭

——門下の代表身延大會議——

法華宗え彈壓下る

代表六師逮捕投獄

不敬罪——反國體運動、銃殺か、無期か。デマは亂れ飛ぶ。

佛教各宗も、驚いて教義の衣更え、神懸りの自肅運動を展開した。

東西兩本願寺の法主が七百年の禁制を破つて伊勢の太神宮詣りをやり、戸毎《こごと》に大麻《たいま》*を張らないものは非國民扱いされるこの時勢の流れ——一番強くショックを受けたのは日蓮陣營であつた。同じ曼陀羅と遺文を持つ日蓮門下が、やがて迫り來る自己えの餘りに明白な明日の運命に想《おもい》を走せたとき慄然として震い上がつた。何んとかせねば門家の一大事、宗門の解散、法燈の絶斷、も早やじつとしていることが出來なかつた、期せすして**日蓮神下***の大會議となつた。血相を變えた門下の各派代表者や有力信徒の面々が日蓮祖廟の地、身延山えかけ集つたのは同じ年の八月二十日。翌二十一日の二日間にわたり日蓮宗元老柴田一能を議長に、甲論乙駁の末、大多數の意見は「觸らぬ神に崇りなし」と文字通り天照八幡削除をあつさりと決議して了つた。これより前、京都の大本山妙滿寺では逸早くも、本堂の正境本尊から天照八幡、の兩神號をけづりとつて、參拜の信者を訝《いぶ》からした。

＊　大麻　伊勢神宮および諸社が授与するお札。

＊＊　期せすして　「期せずして」の誤植であろう。

＊＊＊　日蓮神下　日蓮門下の誤植であろう。

三　日蓮遺文削除嚴命
——昭和改訂版の悲劇——靈艮閣の遺文錄原版燒却——

立正安國を叫ぶ日蓮の遺文には、革命的文句が多い。正法の前には國も主權者も眼中に置いていない、之が從來から問題になつて屢々削除內命を受けて來たが、戰前十年程前山川智應、山田三郎、姉崎正治の三博士が文部大臣（松田源治？）と會見して、この事を難詰した處、辭に窮した大臣は下僚に責任を轉嫁し大いに之を叱責した。この叱責された屬僚は當時圖書檢閱係の末席にいた三輪某*で、禪坊主上りの文學士であつたが、この事を大にふくみ、爾來十年、孜々《しし》コツコツと日蓮遺文不敬筒所**の摘發にかゝり、遺文數百遍を殆ど暗じるまで研鑽した。彼も亦變化人の一人である。時來り、軍部フアツシヨの波に乘つた彼は內務省の情報局檢閱係長にのし上り、日蓮え復仇の時到れりと、日蓮宗當局をよびつけて、

「宗門の自肅行爲として削除せよ。然らざれば、宗門の認可取消しも必然じや」

と申し渡した。

當時、法華宗の神戸事件あり、デマが尾に鰭《ひれ》がついて飛んでいたときであるから、青くなつて御

＊　三輪某　三輪貞謙を指すか。三輪貞謙は、一九四三年（昭和一八）七月の時点で、內務省警保局の検閲官。

＊＊　筒所　「箇所」の誤植であろう。

百度を踏み辯明これつとめたが、十年間も齒を喰いしばつて睚眥《がいさい》の恨みを以て研究した彼に太刀打ちするものがなかつた。

あれもいかん、これもいかんと、遂に千數百所に及び、あわれ、日蓮遺文も滿身創夷の穴だらけとなり、これでは餘りひどいというので、遺文四百篇の中から比較的無難な七十餘篇をゑらび、而もその中から二百ケ所以上も削除し、之を

「昭和改訂版、日蓮聖人遺文」

として出版することとなつた。

これは草案まで出來て印刷にかかろうとしたとき、後述のような法華宗の反對運動の爲め延びのびとなり、その中終戰を迎えて醜《しゆう》を後世に殘すことなきを得たのは、有り難い幸いであつたが、靈《りよう》艮閣《ごんかく》から出していた日本唯一の全集「日蓮聖人御遺文」の原版を買い上げ、之を燒却して了つたのは、いかに官僚の壓迫とは言い乍ら、返す返すも殘念の至りである。

法華宗では、昭和十七年九月十一日、東京の宗務本所で教學審議會を開き、遺文削除、昭和改訂遺文出版に同意すべき否かを協議したが、當日委員として出席していた松井、小笠原兩人の强硬な反對意見の爲、夜深更に至つたが遂に

一、法華宗としては不削除方針を堅持すること
一、従て昭和改訂遺文、出版に同意せず
と決定、尚右趣旨貫徹の爲め文部、內務兩省への交渉は
　　三吉日照、松井正純、小笠原日堂
の三名を委員として一任することになつた。
數日後、三吉、松井が水野教學部長と同道文部省宗務課に吉田課長*を訪門し、削除と指摘される遺文箇所につき一々懇切に説明し、尚誤解され易い字句についてはその字句の下に（　）を入れて解説的な用語を挿入すればよいのであつて、全字句削除の如きは却つて世の不審を招き、逆効果を生ずるおそれがありますまいかと進言した。文部省は
「よく解りました、しかし問題は情報局にあるのですから、情報局によく説明して得心させなさい、そしたら貴宗の希望も成立する譯です」
文部省との諒解が成立したが、敵は情報局に在つた。

情報局参る！

＊　吉田課長　文部省宗教局宗務課長・吉田孝一。

その後數日、今度は松井一人が情報局に出頭した。問題の三輪係長と會つて來意を告げた上一切削除できない事を話し、その理由をも詳述した。三輪は六ケ敷《むつかし》い顔をして聞いていたが

「法華宗が削除せぬと云つても、不敬不穩が明かにわかる個所があつても削除せぬのですか？」

「そんな個所はどこですか」

三輪は靈艮閣發行の日蓮聖人御遺文を持つて來た、本の天地には赤紙が一パイにはみ出している。その個所が不敬という個所なのであろう。

彼はバラ〳〵と頁を繰つて、立正安國論の所を出した。そして

「正法ヲ護ル者ハ當ニ刀劍器杖ヲ執持スベシ　刀杖ヲ持ツト雖モ　我レ是等ヲ說キテ名《なづ》ケテ持戒ト曰ハント」の所を指で示して

「これを削除することになつてるが、あなたは削除せぬというのですか」

「ハイ、そうです」

「正法を護持する爲めには武器を持つ事もかまわんとは甚だ不穩な文句ではないか、日蓮が斯様《かよう》な不穩な文句を書いてるのを、法華宗で削除できぬとはどう云う譯です」

「それは日蓮上人の文章ではありません、涅槃經の御文です」

「涅槃經であろうと何であろうと、日蓮が自說を助ける爲めに引用しているのであるから同じことだ、日蓮の思想と見倣してよろしい」

「そう云うようにお考え下さつては困ります、御經にそうあるから聖人が自覺をされて聖人の思想、信仰が確立したのです」

「要するに法華宗ではこんな明瞭な個所でも削除せぬというのダネ」

「そうです、出來ぬと云うのです」

「何に？　出來ぬ……どうしてか？」

「涅槃經は元正天皇が養老六年の十一月に、太上天皇《だいじょう》*の御報恩の爲めに詔勅を出されて華嚴經八十巻と共に書寫せしめられた上に夥しい供養の品々を奉られて、京畿内《けいき》の諸寺に於て僧尼二千六百三十八人を屈請して齋供《さいく》を設くる也と勅せられた程の尊い經典でありますから、その經典中の一文を不穩だなどゝ云つて削除する事は、又新に違勅の罪を構成する事となるから出來ないのです」

「…………」

三輪は益々六ケ敷い顔になつて沈默してしまつた……軈《やが》て唸るような聲で彼は云う。

「しかし涅槃經を不穩というのではない、日蓮が左様な個所を引用する事をいけないと云うのだか

＊太上天皇　譲位した天皇に対する称号。この場合は、元明天皇のこと。

ら削除して差し支えありませんよ」

「あなたの方に、差し支えはなくとも私の方に差し支えるのです。私は昨十六年の春に百二十日程同じような問題でホリ込まれて起訴猶豫になつてるので懲り〳〵してますから、今又違勅の罪なんて云う恐しい罪名で又入獄するのは眞平《まつぴら》なんですよ」

「ムム――あなた方でしたか、あの神戸の一件は」

「一寸伺いますが、今度の戰爭を聖戰と云つてあなた方もそれについて禁止をされないようですが、要するに正義を守る戰と云う意味なんでしよう。そうすれば正義を守る爲めには武器を執つて戰つても聖の字を使つて誰も不思議と思はぬ譯ではありませんか、涅槃經の御文はそれですよ、立正安國論一文の精神は、立正せねば國家安からず、と云う論文なんです。正法を守らねば如何なる祈禱も施設も駄目だと凡ゆる文献を蒐集して獅子吼《ししく》された警世の一大論文です」

「………………」

遂に答えなし。彼等が唯一絶對とする御詔勅を以て、反對に彼等を責めたのであるから、流石の三輪も餘ほどこたえたと見えて、それ以後御遺文の削除については何んの命令も、よび出しもなくそれつ切りとなつて了つた。

四　未決監の獨房一ケ年

——神宮不敬罪　豫審終結決定書——

未決監の獨房で丁度一ケ年を暮し、昭和十七年四月十日、着馴れた青の囚人服を脱いで、苅谷、株橋が出所した。神戸橘町の差し入れ屋で之を迎えたのが親類五、六名と宗門人は三、四名。こわい者を見るようで、ウツカリ近附くとどんなケンギがかゝるかも知れない……という空氣がまだ宗門には相當濃厚だつた。

一週間程經つて豫審終結決定書が兩人の許え配送されて來た。

豫審終結決定

本籍並住居　大阪府北河内郡友呂岐《ともろぎ》村字木屋《こや》百八番地

僧侶（本信寺住職）　苅谷日任　當年五十五

本籍　福井縣大野郡大野町二百十六號十七番地

住居　兵庫縣武庫《むこ》郡大庄村西字南川端千七百九十六番地ノ三

僧侶　諦秀事　株橋定雄　當年三十四

右兩名ニ對スル不敬被告事件ニ付豫審ヲ遂ゲ決定スルコト左ノ如シ

主　文

本件ヲ神戸地方裁判所ノ公判ニ付ス

理　由

被告人等ハ左ニ掲クル事實ニ付公判ニ付スルニ足ルベキ犯罪ノ嫌疑アルモノトス

次ニ

一、本門法華宗の機構を叙し（前掲）

二、茢谷日任の經歴を記し（省略）

三、本門法華宗教義綱要出版の經緯及び不敬の箇所を述べて

本門法華宗ニ於テハ教學綱要ニ關シ未タ一定ノ基本タルヘキ教學確立ノ著述ナク宗祖日蓮ノ遺文並ニ門祖日隆ノ遺著等ニ基キ之ヲ解説シテ宗旨ヲ弘通《ぐずう》シ來リ、其ノ布教並ビニ講學上不便尠カラザリシニヨリ宗務廳ニ於テハ玆ニ右教學ヲ確立スルト共ニ學林ニ於ケル講學ニ供センガ爲、大正十三年五月頃被告人ニ對シ門祖日隆教學ノ綱要解説編纂方ヲ委囑シ、被告人ハ之ラ*受諾シテ右編纂ニ著手《ちやくしゆ》**シ、十餘年ノ歳月ヲ經テ昭和十一年ノ春漸ク脱稿スルニ及ビ、宗務廳ノ指示ニヨリ之ヲ大阪市港區辰己町一丁目十三番地市岡印刷所廣野光夫ニ印刷セシメ、本門法華宗教學綱要トシテ約壹千部ヲ製本シ、所定屆出手續ヲ經テ

— 107 —

* 之ラ　「之ヲ」の誤植であろう。

** 著手　着手に同じ。著は着に通ず。

昭和十一年七月二十五日本門法華宗宗務廳名義ヲ以テ發行シ翌十二年七月頃迄ノ間宗內僧侶並ニ學林學生等ニ約三百部位ヲ頒布シタルモノナル所、該書第四宗要門第二章宗旨三秘第四節本門本尊ノ部ニ於テ本尊圖現諸尊分別ヲ解說スルニ當リ（同書第二百八頁乃至第二百十一頁）日隆著私新抄第五本尊具足十界事中ノ一節ヲ引用シ

「私新抄ニ、十界ノ聖衆ノ當位ヲ分別シテ中尊ハ南無妙法蓮華經ト題シ奉ルハ惣名惣體ナリ、此ノ總持ノ題目ヨリ十界ラ*出生セリ所以ニ釋迦多寶三世十方ノ諸佛ハ佛界ナリ、上行等本化ノ菩薩ハ菩薩界ナリ、迦葉阿難ノ尊者ハ聲聞緣覺ノ二乘界ナリ、梵王帝釋魔王、日月天子、四大天王《しだいてんのう》ハ卽チ天界ナリ、天輪聖王**阿闍世王等ハ人界、阿修羅王ハ修羅界、八龍王ハ畜生界、鬼子母神十羅刹女ハ餓鬼界、惡逆提婆達多ハ地獄界ノ手本ナリ、然ルニ不動愛染ノ攝屬思ヒ難シ、强ヒテ之ヲ言ハバ天部ナル故ニ天界ニ屬スベシ、天照太神***ノ諸神ハ內證ニ隨ヘバ佛菩薩ノ二界ニ攝スベク現相ヲ以テ之ヲ言ハバ鬼畜ニ攝スベシ、是十界本有ノ曼荼羅ナリ云云トアリ、

此等九法界一切衆生ハ悉ク本化上行菩薩ノ體內ニ宛然トシテアリ本因妙《ほんにんみょう》信心位ニ居《こ》シテ當位ヲ改メスシテ本有ノ尊形ヲ顯スノデアル」

ト記述シ以ツテ我ガ　天照太神ニ對シ奉リ內證現相ノ兩方面ヨリ之カ十界ノ攝屬ヲ論シ　天照太神ハ現相卽現實ノ相ヨリ之ヲ觀察シ奉ラハ佛教々學上貧慾****ヲ表徵スル、餓鬼界及ヒ愚痴ヲ表徵スル畜生界ノ二界ニ攝スル衆生ニテ在シマシ其ノ當位ヲ改メ給ハズシテ南無妙法華經ノ體內ニ包攝セラレ給フ旨ノ解說ヲ爲シ以テ畏クモ、我ガ國民絕對尊崇ノ天照太神ノ御神德ヲ冐瀆シ太神ヲ御祭神トスル、皇太神宮ニ對

* 十界ラ　「十界ヲ」の誤植であろう。

** 天輪聖王　「転輪聖王」（てんりんじょうおう）の誤りであるが、予審終結決定書の原本が、このように表記している。

*** 天照太神　原文のまま。予審終結決定書の原本では、「天照大神」と表記している。以下、一一〇ページまで、これについて注記しない。

**** 貧慾　「貪慾」（とんよく）の誤植であろう。

シ奉リ不敬ノ行爲ヲ爲シタモノ」

次に株橋諦秀に對しては本人の經歴を記したる後、本門法華宗綱要印刷の經緯及び不敬の箇所を述べて「舊師被告人茢谷日任ガ其ノ著本門法華宗教義綱要ニ於テ前記本門本尊ノ解説ニ當リ門祖日隆著私新抄中ノ一節ヲ引用シ　天照太神等ノ國神ラ*現相ニヨレバ鬼畜ニ攝スベキ旨、不敬ノ説明ヲ爲シタル爲、宗内外ニ物議ヲ釀シ宗務廳ニ於テ該書ヲ廢棄スルノ止ムナキニ至リタルニヨリ教學講究所ヲ創設シ、更メテ之ニ代ルベキ教義綱要ノ再編纂ヲ企テ學林ヲ通シテ之ヲ被告人ニ委囑シ、被告人ハ之ヲ受諾シテ昭和十三年秋頃ヨリ右編纂ニ着手シ、翌十四年五月頃脱稿スルニ及ビ、宗務廳ノ指示ニヨリ大阪市港區東田中町四丁目九十二番地謄寫業金井達治ニ注文シテ謄寫印刷セシメ、本門法華宗綱要五十部ヲ作成シテ之ヲ宗務廳ニ送附シタルニ、宗務廳ニ於テ右綱要下ニ草案ナル印ヲ押捺シ本門法華宗綱要草案トシテ、之ヲ宗內僧侶並ニ宗外各方面ニ頒布シ意見ヲ徴シタルガ、該書中第六章宗旨第五節三秘別説第一項本門本尊第五本尊ノ本質ノ解説ニ當リ（同書第三百五十頁三百五十一頁）被告人ハ日蓮宗宗學全書本門法華宗部第一冊第二百四十四頁所載私新抄第九首題能生十界所攝事ナル一節ヲ引用解説シタル旨ヲ附註シタル上、『師仰セニ云ク南無妙法蓮華經ハ釋尊多寶等佛菩薩十界ノ聖衆ノ本尊ナリ、首題ヨリ本地本因ノ地涌《じゆ》（上行）モ本果ノ釋尊モ出生セリ本地ノ釋尊ヨリ垂迹《すいしやく》ノ大通、空王大日彌陀藥師等ノ三世十方ノ諸佛ヲ出生セリ、佛法ニ叶ハザル機ノ爲メニ地藏觀音等ノ諸菩薩ヲ出生セリ、菩薩部ニ叶ハザル機ノ爲ニ二乘等ノ聲聞ノ形ヲ顯《あらわ》セリ、是ニ叶ハザル機ノタメニ不動愛染明王《みようおう》ノ形ヲ以テ益物《やくもつ》ス、其レニ叶ハザル機ノタメニハ虚空藏辨財天等ノ形ヲ顯シテ之ヲ益ス、其レニ叶ハザレバ○○○**神等ノ諸神ノ形ヲ以テ結縁ス、之ニ

＊ 国神ラ　「国神ヲ」の誤植であろう。

＊＊ ○○○神　次ページに、「○○○神ノ伏字ハ」という説明があるのを参照されたい。

ハ叶ザル物ノ爲ニハ美男美女ノ形ヲ顯シテ之ヲ益ス、或ハ三惡四趣ヲ示現シテ此ヲ益ス、總シテ十界ノ尊形ニ卽シテ首題ヲ顯示ス、首題ノ本尊ヨリ次第梯登シテ從本垂迹シ又迹ヲ攝シテ本ニ歸ス、本トハ妙法蓮華經是即チ十界本地ノ本尊也十界悉ク妙法蓮華經ノ體内ニアツマツテ自受法樂シ即身成佛スルナリ、三世益物是レ皆妙法蓮華經ノ利生《りしょう》也サレバ本門ノ妙法蓮華經ハ十界ノ本尊ナリ』ト示サレテヰル。此ノ垂示ノ如ク十界ノ諸尊ヲ以テ妙法蓮華經ノ功德ヲ十方面ニ顯現シタルモノデアル云云ト記述シ而シテ右、〇〇〇神ノ伏字ハ前記宗學全書ニ依レバ（同書第二百四十四、五頁參照）天照太神ナルコトヲ明示シアリテ、結局該記述ハ我天照太神ヲ不動愛染等ノ明王乃至虛空藏辨財天等ト對比シテ夫等《それら》ノ攝屬界ヨリ以下ノ界ニ於テ前記十界中ニ攝シ奉リ、其ノ所屬ノ界ニ於テ本尊妙法蓮華經ヨリ出生（所生）シ其ノ功德ニヨリテ虛空藏辨財天ト美男美女トノ中間ニ存在スル衆生ヲ教化結緣スルモノナル旨說明セルモノニシテ、畏クモ我國民絕對尊崇ノ天照太神ノ御神德ヲ冒瀆シ太神ヲ御祭神トスル皇太神宮ニ對シ奉リ不敬ノ行爲シタルモノナリ、以上各被告人ノ所爲ハ夫々刑法第七十四條第三項ニ該當スルモノト思料スルヲ以ツテ刑事訴訟法第三百十二條ニ則リ主文ノ如ク決定ス

昭和十七年四月十六日

神戸地方裁判所

豫審判事　岡　本　薰　一

五　變化の人、行學洞現わる

――原　眞　平　先　生――

昭和十七年春、四月ある日、東京から歸つて來た藤田晃道君が妙な男を連れて來たとのこと。

本能寺の客殿　岡本日盛管長も同席して初對面の挨拶、藤田君の紹介で

「原先生です。僕も實は初對面の人ですが、何か諸君に會うことがあるというので一緒に參つたのです」

見れば、猿顔瘦軀、眼光烱々《けいけい》として底の底まで射抜くが如く、而も口邊《こうへん》は絶えず微笑をふくみ、全面慈容に溢れ、何んとなく神々しくて人を惹きつける仁《じん》である。

「やあ！　わしは原眞平じや、君等はまことに御苦勞だつたのう、併し、君等には少々氣の毒じやが、わしはこれでこそ日蓮上人の豫言が的中したと、法國の爲め、悦んでいるのじや。

無慈悲の讒言も、みごと現われ、日蓮大聖の本意顯發し、待ちに待つた事の戒壇建立も近づいた證據じや、然し問題はこれからじやぞ、公場對決という大事な場面がやがて展開される。君等こそえらばれてこの晴の舞臺に立つのじや。しつかりやりなさいよ」

「先生!!　この戰爭の嵐の最中、わたしらのような言うに甲斐なき貧僧が、果してそんな大役をのり切れるかどうか、正直な處、自信がありません。諸天のえらび違いではないでしょうか」

「馬鹿な!!　末代幼稚でよいのじゃ、四大菩薩が守護してくれてるではないか。神佛の根本問題を公場對決で一擧に解決し、立正安國の眞精神で國內革命を遂行するのが、戰爭解決の先決條件じゃ。神も佛も分らん奴等が、この戰爭を指導していたのでは、日本の前途もめちゃくちゃになる。尤も軍閥の幕府日本が亡んで、眞日本が顯現するわけじゃが、とも角、大聖人の遺《のこ》し玉える公場對決に全力を注ぐことじゃ、わしもその爲めに遺されてきたようなわけさ……」

悠容せまらず、確信に充ちた言々句々、百萬の味方を得たよりも力強く、即遺變化人《へんげにん》*とはこの人かと感激した。

「先生、この事件は無罪になるでしょうか」

「無罪?　始めから罪のないものに無罪も有罪もあるものか、曼陀羅を裁くものは日本否全世界に一人もいないよ、たゞ君等は天皇の名代たる裁判公場に於て、堂々と日蓮の正義を高揚して上一人《かみいちにん》**より下《しも》萬人に言る***まで、日本國の盲目を開く決心でやればよいのじゃ」

原先生は信州の人、幼より濁世を嫌い深く山林に交りて想を凝らし、學を錬り、獨學にしてよく

＊　変化人　神や仏が人の形を借りてあらわれたものをいう。
＊＊　上一人　天皇の意。上御一人（かみごいちにん）。
＊＊＊　言る　「至る」の誤植であろう。

112

英、獨、佛、希、露、支等八ケ國の語學に通じ、又東西哲學宗教の蘊奥《うんのう》を極め、近世の政治經濟、自然科學にも通曉した人、その學の深くして識見の廣大なる、實に學古今を併せ、識東西に通ず……とは先生のことであつた。

而し、先生は單なる學者ではなかつた。早くより大乘佛教の淵底《えんてい》を極め、遂に法華經の眞髓を味得し、自ら行學洞と號し、丑寅の勤行《ごんぎょう》三昧を修して靈山淨土え往復するを得ていた。

曾て歐米に遊び、ヒットラー、ムッソリニーにも法華經の正法を說き諭したことがあつた。ヒットラーは默つて聞いていたが、ムッソリニーは

「イタリーでは仕方がないが、私も日本に生れていたら、日蓮上人の門下になつていたに違いない」

と固く先生の手を握り、その場でカメラータ原と自署せる寫眞を贈つたとの事であつた。

◇叡山無動谷決死の願行

――重症の岡本管長、死をかけて登山激勵す――

昭和十七年八月一日朝、叡山をめざして登り行く奇怪な一行。山籠《かご》を中心に先頭へ立つのは藤田晃道、小笠原日堂、株橋諦秀、かごの後には苅谷日任、松井正純、三吉日照、原眞平、最後の大兵

肥満漢は本能寺の總代（前京都市會副議長）石田音吉であつた。

山カゴの中には醫師から絶對安静を命ぜられている腎臓、糖尿病の岡本日盛管長が一大事法筵《ほうえん》に參加激勵せんが爲め、重症を押し死を覺悟しての登嶺であつた。

一行は、原先生指導の下に、所謂丑寅《うしとら》の秘行《ひぎよう》を體得し、この公場對決の一大事因縁に當らんがため、決死の願行に挺身、日蓮上人の遺跡、比叡山無動谷を指しての行進であつた。

無動谷の籠行は物凄いものであつた。

午前一時起床、先づ水を浴びて全身を浄め、丑刻《うしのこく》より暗々黑中、線香一點の火をみつめたまゝ寅の刻まで、一心不亂の題目三昧、暁の五時から夜の十一時まで研修精錬、文字通り止暇斷眠の勇猛精進である。

原先生は連日、紋付羽織袴の禮裝正しく嚴然として……全く寸時の倦《う》むこともなく、法華經の鍵を以て古事記言靈の神秘を明す、神典秘義を縦横に說き明し、日蓮上人遺文四百篇、悉く神典詔勅に基かざるものなしと神典、歴代詔勅、宣命約二千五百餘篇を擧げて一々遺文に對照するに掌を指すが如きものであつた。

これが、後で御遺文削除問題で大いに役立ち、難攻不落と怖がられた流石の情報局三輪係長（前述）をして沈黙せしめた神訣であつた。

先生は更に、秘中の秘たる最蓮坊法門を口授《くじゅ》秘傳され、宗學《しゅうがく》上の一大開目を與えられた。

決死の受講生も、情存妙法故、身心無懈倦を體得し、身心大歡喜し、目はランランと輝き一日僅か二時間の睡眠にかゝわらず、居眠る如きは一人もなかつた。

重態の岡本管長は、次の間に床をとらせ、病床に倒れ乍らも熱心に聽聞し、一同を激勵したのは感激の至りであつた。

◇神猿龍雨

不思議な事には、法華經講義の時に、無動谷の谷底から數十の猿群が現れて、篠をかきわけ棧《さん》をよぢ登りて講堂の前に來り、一かどなにか聽聞する如く、講義の終るやザワ〳〵と元の谷底へと姿を消した。
又願行七日間中、必ず二時――三時の間に一抹の龍雲涌き起り、道場玉照院の附近だけ雨を降らし、爽快清涼極《きわま》りなく誰云うとなく
神猿來り聽き、龍雨降る

と吟ぜられた。

◇ 三大秘法鈔の豫言なるを識りて

——一同感極りて號泣す——

丑寅決死願行——満願の日、原先生は嚴然として、三大秘法鈔を講ぜられた。

「予年比《トシゴロ》雖レ秘二己心ニ一此ノ法門ヲ書キ付ケテ留メ置カズンバ遺弟等、定ンデ可レ加二無慈悲ノ讒言ヲ一其後ハ何ト悔ユトモ叶フマジキト存ズル間、對二貴邊ニ一書キ送リ候、一見ノ後 秘シテ不レ可レ有二他見一口外モ無レ詮（以下略）

弘安四年四月八日　　日　蓮　花　押

大田金吾殿御返事」

右の聖文を諸師は如何に考えられるか。

謹んで　聖意を拝するに

「自分（日蓮上人）ハ年來此の法門即ち三大秘法、就中《なかんずく》、王佛冥合本門事ノ戒壇建立ノ法門ヲ深ク我ガ心ニ秘シテ、未ダ門家ノ弟子檀那等ニ說キ聞カシタリ、又此ノ法門ヲ筆錄シテ示シタコトハ無カツタガ、今此法門ヲ書キ付ケテ我ガ死後ニ留メ置ク必要ガアル、何故カト申スニ、我ガ滅後ノ將來ニ於テ、我ガ門家ノ（日蓮）遺弟ノ中カラ、必ズ無慈悲ノ讒言者ガ現レテ、我ガ正法（本尊戒壇）ヲ誹謗シ、コノ正法ヲ護持スル末僧ニ、國家ノ刑法ヲ加ヘシメントシテ讒奏シ、ココニ公場對決ノコトガ起ル、此ノ時ニ書イタモノガナケレバ、日蓮ノ正意ガコウダトイウ證據トナラズ、無慈悲ノ讒言ニ對シテ立證ガ出來ナイ。（ソウイウ事件ハ必ズ起ルコトガ分ツテイルノダカラ）其ノ期ニ及ビ生存中ニ書イテ置ケバ良カツタト、何ト後悔シテ見テモ如何トモ出來ナイト考ヘラレルカラ、今貴邊《きへん》ニ對シテ書キ送ツテ置キマス。此ノ鈔ハ我ガ死後ノ爲ニ證據トシテ重要法門（今マデ明カニハ言ハナカツタ戒壇法門）ヲ留メタモノデアルカラ、一見ノ後ハ他ニ見セテハナラナイ、ソレバカリデナク、之ヲ口外ニシテモイケナイ（時ガ來ナケレバ不信淺信者ニハ却ツテ惑耳驚心、墮獄ノ業因ヲ作ルカラ）故ニ貴邊ガ一見シタナラバ、他見口外セズニ、預ツテ置イテ貰イ度イ……」

との意味である。

この三大秘法鈔の保管を依囑された太田金吾とはそも如何なる人か、諱《いみな》は乘明、名は五郎、左衛尉*に任ぜられ、其職は裁判官問註所の役人である。聖人が特に彼に委囑されたことは日蓮滅後に建

＊ 左衛尉　「左衛門尉」（さえもんのじょう）の誤植であろう。

立さるべき事戒壇の設計圖たる本門の本尊中の肝心、本國土、國神問題が遺弟共の無慈悲の讒言によつて、裁判沙汰となつた時、公場に於て陳述すべきもので決して一般え說くべきものではないと聖人の深き御考から當時裁判官であつた彼に預けたものである。

無慈悲の讒言とは決して個人的な惡口雜言のことではない。必ず國家權力による處刑を企圖するもので必然公場對決を現出する。何故公場對決を必要とするか、これ王臣一同に三秘密の法を受持する必然の經路であるからだ。

世界を救う事の戒壇建立にはちやんと順序がある。即ち三大秘法鈔に

「戒壇トハ王法冥二佛法ヲ一佛法合二王法一王臣一同ニ三秘密ノ法ヲ持チテ有徳王《うとくおう》、覺徳比丘《かくとくびく》ノ其乃往ヲ移ン二末法濁惡ノ未來ニ一時、勅宣並ニ御教書ヲ申シ下シテ尋テ下似ン二靈山淨土ニ一最勝地ヲ上可レ建二立戒旦ヲ一者歟、可レ待レ時耳、事ノ戒壇ト申スハ是也、三國並ニ一閻浮提ノ人懺悔滅罪ノ戒法ノミナラズ、大梵天王帝釋等モ來下シテ踏ミ給フベキ戒壇也」……と。

戒壇は先づ王佛冥合し王臣一同に三秘密の正法を信持し、有德王、覺德比丘の昔しの如く、正法の爲には國家、王をもぎせいにする世界の大戰爭を經過して……賢王の出現により閻浮の統一の時、最勝の靈地を求めて建立すべきであろう。

然しすべては時に當って必然、現れるもの故、その時を待つべきのみ……との聖意だ。

されば王佛冥合し王臣一同（國家の指導者階層）が三秘密の法を受持するには如何にすべきや……公場對決を以て堂々と國家に對し、正法の嚴然たる三證具足の事實を認めさせねばならぬ。この公場對決を起すには無慈悲の讒言が必ず起らねばならぬ。而も他宗他門からでは宗論的根性と見なされて、とりあげられないのでどうしても門下の遺弟即ち宗內からこの無慈悲の讒言が起らねばならぬ必然の關係……これが時である。今時が來って戒壇建立の期が近づき一閻浮提未曾有の大戰爭の序幕（太平洋戰爭……第二次世界戰爭）が切って落された。今や無慈悲の讒言が起らねばウソである。無慈悲の讒言の樣相は法華經勸持品に
「向㆓國王大臣、婆羅門《ばらもん》居士及餘比丘衆《ニ》㆒誹謗說《シテ》㆓我惡㆒」……に明らかである。

　國王とは政府主權者、大臣とは文字通り大官、婆羅門は世間の學者、居士は俗形の佛門徒、餘比丘衆は一般僧侶である。

　見られよ。北田、日種の如き門下の遺弟共が文字通り現れ、政府主權者、司法大臣、文部大臣、檢事總長え讒言し、蓑田の如き世間の學者に持ち込み、還俗形の自任佛門徒の中村の如きに我門祖を罵《ののし》らしめ、或いは新聞雜誌に惡口、誹謗して宗內外の余の比丘僧侶を煽動しているではないか。

正に一文違《たが》はず經文の如く起つてきている。これが三大秘法鈔預言の現證だ。

諸師はこの時、選ばれたる受難の人々だ。

〝日蓮ガ弟子ハ臆病ニテハ成佛叶フベカラズ〟

獅子王の如き心を持つて公場對決の使命を果されよ。

余も亦、變化人として遣されたものであろう。さればこの爲めには生命を捧ぐる決心である。（不幸、後日この豫言が實現した）

一段と聲を張り擧げて
〝諸師、今こそ獅子奮迅、勇猛精進の時ですぞ〟

先生の目には涙が光つていた。

一座肅然。

――恰《あたか》も日蓮大聖人の御前に坐して親しく遺命を拜するが如く――

あゝ七百年前書き遺された三大秘法の豫言。鐵火の洗禮となつて、我等が頭上に下る。何んたる感激ぞ。

突如、久遠の靜けさを破つて號泣の聲を聞く。かゝる未曾有の大使命ある會座に列つた感激の溢れるまゝ、兩眼瀧の如く、抑える能わず、手を放して泣いたのは石田音吉總代であつた。
一同もドツとせきくる涙、拭いもやらず、固く捨身決定《しやしんけつじよう》を誓い合つた。
何んが故の苦勞であつたか、今は悉く解明し心に一點の曇りもなくなつた。
隣室に病臥の岡本管長の讀誦される
〃一心欲見佛、不自惜身命、但惜無上道〃
が襖《ふすま》越しに尊く聞えた。

#『流通の巻』（公場對決）

一、山田一太郎、自辯志願

——難問七ケ條を提げて核心を衝く——

苅谷、株橋が拘置中に兩師法友會が奔走して、大阪日大學長の法學博士小野村胤敏《たねとし》を辯護人として選任したが、小野村博士はこの事件だけは辯護の自信なし、今一人相棒の辯護士をつけてくれというので探し巡つたが、神宮不敬罪と聞いて誰れも引き受けてくれる辯護士は一人もなかつた。無理もない、この戰時局にマゴマゴすると辯護士も不敬漢としてやられて了うかも知れない、と諦めていた處——忽然現われた山田一太郎辯護士、この事件は是非わしにやらしてくれ、報酬は一文も貰わぬばかりか旅費日當裁判所費用まで自辨でするから……と呆氣にとられた私等は茲にも又變化人の遣わされている事を感じたのである。

「然し、山田君、容易ならぬ不敬事件でどこの辯護士も二の足を踏んでいるよ」

「元より承知の上だ、天下廣しと雖も本事件の辯護に當るものは、多年三大秘法鈔を研究している不肖この山田一太郎より外はないと信じている、賴むからやらしてくれ、報酬は一文もいらぬ、辯護士の費用も全部僕が自辨するから……」

「中々六《むつか》ケしい問題だというだけでなく君も御承知と思うが裁判の表だけでなく、種々裏で目に見えない魔王の迫害の手が動いているからね」

「いや分つてる、天命を感じて出てきた山田だ。いのちを賭してやる。私を信じてくれ、私が辯護士になつたのは、この事件を引き受ける爲めであつたとハツキリ自覺しているんだ、賴む」

兩手をつかんばかり、熱誠面に溢れて賴み込む山田一太郎は土佐の人、日猛と號し、屢々富士の大石寺へ參籠して、板曼陀羅に額《ぬか》づいた敬信家、筆者とは、彼が關西大學在學當時、辯論部時代よりの交友の仲であつた。

▲第一審始まる

昭和十七年十一月二十五日午前十時
神戸地方裁判所第三刑事部
裁判長　前田了吉判事であつた。

劈頭事實審理に入るに先立ち山田一太郎辯護士は猛然左の難問七ケ條を提げて檢事に肉迫し、*起訴理由の說明を求めた。

一、內證現相ノ語義如何
二、天照太神ノ現實ノ相トハ何ゾヤ
三、天照太神一神ヲ餓鬼界、畜生界ノ二界ニ攝スルトハ如何ナル意ナリヤ
四、當位ヲ改メズシテ南無妙法蓮華經體內ニ攝スルトハ如何ナル意ゾ
五、鬼畜ノ二字ヲ餓鬼畜生トスル根據如何
六、茘谷說明文六十字ノ解說如何
七、本尊圖中ノ天照太神ト伊勢ノ皇大神宮ノ祭神トノ同異如何

＊　檢事に肉迫し　神戸地裁第三刑事部宛に、以下の内容の「上申書」を提出したのである。

七、前掲理由中第七に付て

「以テ畏クモ我國民絶對尊崇ノ　天照大神ノ御神德ヲ冒瀆シ　大神ヲ御祭神トスル　皇大神宮ニ對シ奉リ不敬ノ行爲ヲ爲シタルモノ」

前　略

ト斷セラレ　天照大神ヲ以テ　皇大神宮ノ御祭神ト斷セラレタル如ク解セラレ候トコロ　皇大神宮ノ御祭神ニ關シテハ　皇大神宮儀式帖、上由氣宮儀式帖及祝詞等ニ據レハ　天照坐皇太神《あまてらしますすめらおゝみかみ》*ヲ御祭神トセラレ居リ、殊ニ神宮司廳ニ於テハ

「現今新興宗教等に於て天照太神或は諾冉二神等を御祭神とするものもあるが、その　天照大神は伊勢に鎮ります　天照坐皇大宮神**とは全然別個なものである、故にかゝる場合はこれらの神をば崇敬しないからとて咎《とが》めらるべきではない」ト發表セラレ居ル趣ニ有之候、果シテ然ラバ宗教的信仰ノ對象トシテ奉ル　天照大神又ハ天照太神ト　皇太神宮ノ御祭神タル天照坐皇大御神トハ或ハ異ナル御祭神ニ非スヤトモ存セラレ候間《あいだ》、其ノ異同ニ付、明確ナル御判示仰度《おおせられたく》候

前項ニ於テ申述ヘ候質疑ハ、亦被告人株橋定雄ノ事案ニ付テモ共通ノ質疑ニ有之候、而モ此等ノ質疑ハ單ニ被告人苅谷株橋等ノ場合ノミナラス、過去、現在、未來ヲ通シ必然的ニ起リ得ル問題トモ存セラレ候、卽チ、本件日蓮上人始顯大曼陀羅本尊中ニ表現セラルル　天照太神***ニ對シ奉リテハ獨特ノ神觀有之候如ク眞宗。禪宗。眞言宗始メ神道各流基督教等ニハ亦夫々異ル神觀モ可有之《これあるべく》、自然前揭各宗教的信仰ノ對象トシ奉ル　天照大神又ハ　天照太神ヲ以テ　皇太神宮ノ御祭神ト同一ノ御祭神ト解スヘキヤ否ヤ誠ニ疑惑尠《すくな》カラス況《いわ》ンヤ神社中

* あまてらしますすめらおゝみかみ　このルビは、原本のまま。伊勢神宮では、「あまてらしますすめおおみかみ」と読む。本文二九ページ三行目では、伊勢神宮の読みに従った。

** 天照坐皇大宮神　「天照坐大宮神」の誤植であろう。山田一太郎上申書の原本による。

*** 天照太神　原文のまま。山田一太郎上申書の原本では、「天照大神」。以下、次ページまで、これについて注記しない。

官幣大社　朝鮮神宮
同　南洋神社
同　關東神宮
官幣中社　全鑽神社*
國幣小社　京城神社
同　龍《りゅう》頭《とう》山《さん》神社
同　太邱神社**
同　平城神社

等ハ夫々　天照大神ヲ御祭神トシテ奉齋《ほうさい》セラレ居ル趣ニ有之、果シテ然ラハ假リニ前掲各神社ニ對シ奉リ、其ノ御神徳ヲ冒瀆スルカ如キ行爲アリタル場合、直《ただ》チニ　皇太神宮ニ對スル不敬罪構成スルヤ否ヤ、旁々《かたがた》疑念尠カラス候間、叙上ノ各疑義ニ對シ明確ナル御判示仰度候

昭和十七年十一月二十五日

右兩名辯護人
山田一太郎

神戸地方裁判所
第三刑事部御中

何れも核心を衝く根本問題であるが、就中第七の難問は憲法上の信教の自由と矛盾を包含する重

* 全鑽神社「金鑽神社」(かなさなじんじゃ)の誤植であろう。
** 太邱神社「大邱神社」(たいきゅうじんじゃ)の誤植であろう。

大問題をつかれたので検事は狼狽して説明が出來ない。

法廷は開廷早々より風雲漲《みなぎ》り、狂亂渦巻くを豫想させるものがあつた。

相棒の小野村辯護士は山田一太郎の餘りに强硬なるに驚き、ひたすら哀訴歎願の手に出ていた。

二　茢谷奮戰

問　豫審終結決定に服するや否や。
答　服することができませぬ。右豫審終結決定書は事實と相違し、日隆聖人の私新抄中より引用せる文章の意味を甚しく誤解し、且つ茢谷*の行爲に就ても多く事實相違して居ります。
問　然らは如何なる點が事實と相違して居るや。
答　先づ第一は私新抄に於て日隆聖人は豫審終結決定書に記載しあるが如き十界の攝屬をして居らぬ事、第二は茢谷の文章と豫審終結決定書の文章と重大なる點に於て相違し茢谷にとりては實に思ひ儲《が》けぬ難題、甚しく筋違ひの決定を見たる事、以上の二個の點を御審理を願ひ度いと存じます。
要するに右の如き重大なる點に於て事實と相違する豫審終結決定を見たるは如何なる原因かと熟

＊　茢谷　茢谷日任の一人称。

考致しますと、豫審判事殿の日蓮日隆の體得せる信仰（即ち私新抄に所謂『內證』）と他門流他宗派の見解（即ち私新抄に所謂『現相』）の相違を正當に認識する事無く當然用意し置く可き八品門流の內證に就いての調査研究の御用意無かりし事を見脱《みのが》し得ぬかと憚《はばか》りながら存じます。是の故に私新抄の文章を讀み誤り意味を取違へて仕舞われたと思われます、讀み方とは文字の訓方《ヨミカタ》ではありませぬ、意味の取り方、讀み誤ると申すは意味の取違を申します。實例を以て申せば右私新抄の一節に於て、日隆聖人は八品門流の後學に指南して「天照太神等諸神ハ內證ニ隨ヒテ佛菩薩ノ二界ニ攝ス可シ」と明快に指示して眞實を顯はし、此の眞實を得ざる他宗、並に同じく日蓮宗に屬すれども宗祖日蓮が本意を失へる他門流の現前の見解、即ち引きくるめて當時の社會通念常識（現相）を以て之を言はゞ、日隆門流の信仰と甚しく相違する旨を明かにして「現相ヲ以テ之ヲ言ハヾ鬼畜ニ攝スベシ」と書かれたものであります。鬼畜の二字は鬼神龍神を意味して餓鬼畜生の二界ではありませぬ、日本の神々を鬼神龍神の意味にて鬼畜に攝する事は、日隆以外の他宗他門流の師說口傳《くでん》にて當時の社會通念なることを示して「現相ヲ以テ之ヲ言ハヾ」以下の文章となつたのであります。されば苅谷も綱要原稿に此の內證眞實の義を明にして「內證を以て眞實とする門祖（日隆）の御指南の如し異解ある可からす」と言ふ意味を記してありましたが、宗務廳の豫算の都合によりて出版印刷の費用を減額する必要上、最初の原稿を削除した箇處相當あり「右內證眞實御指南の如し異解ある可からず」の件も削除して印本にはありませぬが、倖《さいわい》にも檢擧當時持ち行きたる內に右の原稿があり、執筆當時に於ける苅谷の心境を立證する、有力なる證據物件となると存じます。

問　內證と現相の文字に就て、今聽く所眞實ならば、豫審終結決定は重大なる誤謬を含む事となり、事實相違を自證する實に重大なる事であるが、事餘り重大にして輕々《けいけい》に判斷を下す事は能《で》きぬ。要するに問題は、內證現相の文字の解釋に在る、豫審終結書には日隆の信念に觸ず、苅谷が私新抄の一節を引用し更に自說を加へて「以テ我ガ天照太神*ニ對シ奉リ內證現相ノ兩方面ヨリ之ガ十界ノ攝屬ヲ論シ云云」とあり、悉く苅谷個人の不敬事件としてあり、先づ右の一節に對して異義ありや。

答　是の一節は全く事實相違して居ります、苅谷個人の不敬事件とした點は別として、苅谷の行爲を叙するに事實相違して居ります。苅谷は、

本尊曼陀羅の說明の目的で私新抄の一飾**を引用したので、更に不敬の意志などありませぬ事、我が『天照太神ニ對シ奉リ內證現相ノ兩方面ヨリ之ガ十界ノ攝屬ヲ論ジ云云』と記述してありますが、苅谷は曼荼羅の說明をしたのであり、曼荼羅の天照太神と申す御神號の事を指南せる私新抄

＊　天照太神　原文のまま。予審終結決定書では、「天照大神」。以下、次ページまで、これについて注記しない。

＊＊　一飾　「一節」の誤植であろう。

の一節を引用したのであります。豫審判事は、「我が、天照太神ニ對シ奉リ」と云はれて居るが、苅谷の引用せる私新抄の一飾は＊常途の本尊圖顯の神號の事であります。我が、天照太神ト云フ以上圖顯（本尊ニ圖顯スル）天照太神と「我ガ天照大神」と同一神となさるるのでありませうか、決定書には內證に觸れず現相の二字に就いては、「天照太神ノ現相即チ現實ノ相ヨリ之ヲ觀察シ奉ラバ」と記載し現相の二字は、「天照太神ノ現實ノ相」と記述してあります。然るに豫審終結決定書は其書式慣例に依りて文字にはフリガナを附《ふ》せず、右の現實ノ相の文字も何んと讀むか執筆者自身の言に聽くの他は決定は不合理であります。何んとなれば右の四字を現實の相と讀み相の字義を本義に則りて正解すれば、苅谷に不敬の意志無き事は明かとなります。

然るに之を現實の相と讀み、相《スガタ》とは容姿形貌の意と解釋すれば多くの疑問はあるとしても、天照太神の現實の相《スガタ》となつて問題となります。

事實は苅谷は本尊の說明の目的を以て私新抄の一節を引用した其の一節は曼荼羅圖顯聖衆の十界攝屬を明した、それに列ねたる神號の十界の攝屬を指南して「隨內證佛菩薩二界《ニ》可《シ》レ攝《ス》」とし次に「他宗他門流他師の說に依る現相を以て之を言はば鬼神龍神に攝す可し」とある、是故に苅谷株橋兩人の辯護士山田一太郎氏は別紙參考書類第三號上申書を以て「現相の意義を如何《いかが》解スベキ

＊一飾　「一節」の誤植であろう。

カ明確ナル御解釋ヲ仰キ度《た》ク候」と上申しましたが豫審終結決定書を全面的支持を表明した検事は、裁判長の質問に對して答ふることなく今日に及び今以て文意は不明であります。

然し前述の如く內證現相の文字を解釋すれば內證即ち日蓮が本意、日隆が信念に隨ひ、佛菩薩の二界に攝すべし、現相即ち現前の社會見解を以て之を言はゞ鬼畜に攝す可しとなります。鬼畜に攝することは日隆の信仰と相背反する當時の常識にして、日隆の指南は內證眞實佛菩薩の二界に攝すべしと明確にしてあります、是れ則ち八品門流の「所謂門祖の御指南」であります。他師の說は爾前《にぜん》迹門の見を出てず、惣じて方便權門の理に執はれて時機不相應の邪見として、之が蒙を開くを以て開迹《かいしやく》と申します。」

三　株橋上申

一、問題トナレル一節ハ舊本門法華宗所依ノ經釋ノ一タル本宗再興唱導師日隆上人遺著三千餘帖中私新抄第九帖所在ノ文ニシテ本宗ノ本尊ニ關スル先師ヨリ日隆上人繼承ノ解說ニ有之、決シテ神宮ノ御祭神ニ關スルモノニテハ無之又小衲《しようのう》*一個ノ作爲セル文章ニテモ無之候

＊ 小衲　僧侶の自称。ここでは、株橋諦秀の一人称。「衲」は、僧侶の衣服のこと。

二、而モ文ハ本宗宗祖日蓮聖人圖顯ノ曼陀羅ノ形貌ニ就テノ説明ニテ無之、從ツテ曼荼羅中圖顯ノ聖衆ノ十界攝屬ヲ論シタルモノニテモ無之、本尊ノ本質ヲ解説セル文ニ有之候
即チ本尊ハ本來尊嚴根本尊崇本有尊形ノ義ノ如ク大生命大智慧大功德ノ表現ニ有之、決シテ我等ノ五官ニ映スル六道ノ迷ヒノ衆生又業報ノ十界（善惡ノ業因ニ依リテ感シタル果報トシテノ迷悟因果ノ十界）ノ衆生ヲ勸請セルモノニ非サル意ヲ記シタル文ニ有之《これあり》候。此ノ意ヲ知リテカ知ラスシテカ以前ヨリ本尊ニハ實類（現象界ニ於テ生死ノ苦ヲ感シ迷ヒ居ルモノ）ノ六道ノ衆生ヲ勸請セリトカ、業報ノ十界ヲ勸請セリトカ唱フル者往々有之、是等ノ說ニ對シテ本尊ハ功德ノ表現體ニシテ、實類ノ六道或ハ業報ノ十界ヲ勸請セルモノニ非ス、久遠本地ノ本佛界ヲ勸請セルモノナルコトヲ立證セムカ爲ニ、同草案中ニ該文ヲ引用致シタル次第ニ御座候
三、該文カ曼荼羅ノ形貌ヲ論シタルニ非ザル證左ハ、宗祖圖顯ノ何レノ曼荼羅ニモ記載無之、大通空王彌陀《みだ》藥師ノ諸佛、*地藏觀音虛空藏等ノ諸菩薩、辨財天美男美女ヲ論シ居ルコトニ御座候。此佛等ノ菩薩天人等ヲ擧ケラレ居ルコトハ、本尊ノ本質ヲ論シタルモノト思考シ得ラルモノニ御座候、又該文カ曼荼羅圖顯ノ諸聖衆ノ十界攝屬ヲ論シタルニ非サル證ハ「虛空藏辨財天等」ト記シ菩薩ト天部トヲ同一ニ論シラレ居ルコトト、我カ國神ヲ虛空藏辨財天等ノ次下ニ記シ美男美女ノ次上

＊ 諸佛 「諸佛」の誤植。

即チ兩者ノ中間ニ記シ居ルコトニ御座候
今假リニ該文ヲ十界攝屬論トスルナラハ虚空藏ハ菩薩ナレハ地藏觀音等ノ處ニ之等ト同時ニ論セラルヘキモノニ有之候
又假リニ虚空藏辨財天ヲ天界トシ（虚空藏ハ實ハ菩薩ナリ）美男美女ヲ人界トスルナラハ、我カ國ノ諸神ハ天界ト人界トノ中間ノ界ナリト云ヒ得ヘク候、然ルニ天界ト人界トノ中間ノ界ナルモノハ佛説ノ十界ニテハ如何ナル界ナリヤ、其ノ界名ハ如何ト云フニ至ルヘク佛説ノ十界ニハ天界ト人界トノ中間ノ界ト云フモノ無之《これなく》候、之ヲ以テ該文ヲ見ルニ十界攝屬論ニ非サルコトハ明白ニ御座候
四、同草案ニ該文ヲ引用セル小衲趣旨ハ前陳ノ通リ本尊ノ聖衆皆悉ク功德ノ表現體ニシテ、實類ノ衆生又ハ業報ノ十界ノ聖衆ヲ勸請セルモノニ非サル事ヲ證センカ爲ニテ、天照太神ヲ十界中ニ攝屬セシメントスルカ如キ意圖ノ下ニ引用セルモノニ無之候。此ノ意趣ハ執筆以前ヨリノ所懷ニシテ同草案ノ「本尊の本質」（草案三四六頁）ノ説明ヲ御閲讀相成《あいなり》候ハハ御諒解賜《たまわ》ル事ト奉存《ぞんじたてまつり》候、即チ素ヨリ宗祖圖顯ノ曼荼羅ニ於テ、國神ヲ他ノ勸請ノ聖衆ト同シ趣旨ニテ圖顯サレタルモノトハ推考致サス、本尊ノ本質ヲ記述スルニ當リテ曼荼羅ヲ中尊《ちゅうそん》南無妙法蓮華經釋迦多寶以下十法界ノ聖

衆ト國神トノ二部分ニ大別致シ前者ノ首題ト十界ノ聖衆ニ就テハ首題ハ能生能開十界ハ所生所開ニシテ釋迦多寶上行以下十界ノ聖衆ハ皆悉ク南無妙法蓮華經體内ノ功德ヲ開示セルモノナル旨ヲ記述致シ置キ、從ツテ國神ハ十界ノ衆生ノ中ニ屬スヘキニ非サル意ヲ示シ置キタル次第ニ御座候。

五、實例（省略）

六、以上之ヲ要スルニ實類ノ衆生ニハ迷悟因果ノ不同アリト雖モ權者タル本尊ノ聖衆ニ於テハ上下差等アルニ非ス、皆何レモ本地ノ根本一乘タル南無妙法蓮華經體内ノ功德ニ有之候。今該文ノ記述ハ南無妙法蓮華經體内ノ功德ノ何レノ世界ニモ及フヘキコトヲ顯ハシタルモノニ有之候。本宗ニテハ高山ノ水ハ幽谷ニ下リ本門最上ノ佛法ハ最下ノ機（最モ低級ナル迷ヒノ聖衆）マテモ利益ストモ教《おしえ》彌々實ナレハ位彌々下《ヒク》シトモ申シ、本門最勝ノ佛法タル南無妙法蓮華經ハ十法界ノ一切衆生ヲ成佛《じょうぶつ》セシムト力說致スモノニ御座候

七、然ラハ文面ニ示サレタル「首題より本地本因の地涌《じゆ》（上行）も本果の釋尊も出生せり乃至或は三惡四衆（趣ナリ）の形を示現して此を益す」ト云ヘル次第ハ是ノ形ヲ顯ハサザル靈界ノ佛菩薩ヨリ、顯界ニ形ヲ顯ハス存在ニ及ヒ、形ヲ顯ハスニ於テモ形ヲ顯ハスノミニテ直接衆生ラ*教化セサル、二乘ヨリ形ヲ顯ハシテ實類ノ衆生ヲ益スル存在ニ及ヘルモノニ御座候。是レ在文明白ナル

＊　衆生ラ　「衆生ヲ」の誤植。

所ニシテ本因ノ地涌本果ノ釋尊垂迹ノ大通空王大日彌陀藥師等ノ諸佛地藏觀音等ノ菩薩ノ場合ハ「出生せり」ト記シ、二乘ニハ「形を顯せり」ノ語ヲ用ヒ、不動愛染ニ於テハ「形を以て益物す」ト云ヒ、虛空藏辯財天等及ヒ美男美女ノ場合ニハ「物を顯して之を益す」ト記シ、明カニ應用（衆生ニ應現スルハタラキ）ノ眞義ヲ分別解示致シ居リ候、所謂佛菩薩ハ神靈界ノ存在ナレハ形ヲ顯ハスト云ハス「出生」スト云ヒ、二乘ハ顯界ニ生スルモノナレハ「形を顯」ハスト云フ、形ヲ顯ハスト雖モ外ニ法ヲ說キテ教化スル事ナク、自己ノ解脫ノミヲ目標トシテ斷惑證理《だんわくしょうり》スルモノナレハ、衆生ヲ益スト云ハス、不動愛染ハ教令輪身ト申シテ本佛本化ノ教令ヲ受ケテ顯界ニ生シ實類ヲ教化スルハ「形を以て益す」ト云ヒ、虛空藏辨天美男美女等モ顯界ニ生スル姿ナレハ「形を顯して之を益す」ト記シ、三惡四趣ノ形ヲ現スルハ實類ノ三惡四趣ニ應現スル意ニ有之、實類ノ三惡四趣ハ佛法ノ名字スラ知ラサル三毒強盛ノ惡業ノ衆生ニシテ、本化ノ菩薩此ノ衆生ニ*示同應現スルモノナレハ特ニ「示現して此を益す」ト記シタルモノト存シ候、而シテ神ノミニ限リテ「形を以て結縁す」ト云フハ、是神ハ直說口業ヲ以テ法ヲ說カサレトモ顯界ニ生シテ道ヲ實踐シテ迷ヒノ衆生ヲシテ得悟スヘキ縁ヲ結ハシムル故歟《か》ト存シ候、文中ノ聖衆ノ順序ハ如上ノ記述ノ次第ニテ決シテ實質價値ノ上下不同ヲ表ハスモノニテハ無之、何レモ本地ノ本佛本化ノ應用、畢意スル所南無妙法蓮華經體內ノ功

＊　衆生ニ　原文のまま。「衆生ニ」（活字の転倒あり）。

徳ニ有之候。

上來陳述申上ケ候次第ニテ該文ヲ引用致シタル理由ハ本宗ノ本尊ノ説明ノ爲ニ有之候、然ルニ此ノ引用ノ一文豈《あに》圖ランヤ　神宮ニ對シ奉ル問題トナラムトハ、未タ曾テ夢想タモ爲シ得サリシ所ニ有之、是偏《ひとえ》ニ小衲ノ不徳ノ致ス所ト日夜憂懼罷在《まかりある》者ニ御座候

右謹《つつしみて》而上申仕《つかまつり》候也

昭和十八年　　月　　日」

▲第一審ハ　九ケ月の公場對決を經て、昭和十八年八月三十一日判決が下つた。

苅谷日任　徴役*一年半（執行猶豫三ケ年）

株橋諦秀　徴役**一年（　同　）

四　斷乎控訴す

――裁判長大喝　被告敗戰亡國を叫ぶ――

＊　徴役「懲役」の誤植であろう。

＊＊　徴役「懲役」の誤植であろう。

第一審の判決申渡しの後、判事、檢事は苅谷、株橋を別々に室に招き入れ、皇國一大事の戰爭中なれば今日の判決は殊に寛大なり、別して執行猶豫をつけた事に大いに意味がある。控訴等決してせずにありがたく受けよと强制的說得があつたが、兩人は元より問題にしなかつた。

然し、戰爭は漸く苛烈となり、軍、官、右翼の壓力が益々增大し、不敬事件で控訴なんかしたら打ち殺されるぞというものもあつた。

辯護士に對しても、こんな不敬罪を辯護するが如きは皆ぶち込んで了うと頻《しき》りに流說が飛んだ。

山田辯護士は一向驚く樣子もなかつたが、氣の小さい小野村博士は頻りに神經を痛め、右翼の壓迫に堪えかねてか、遂に辯護辭退屆を出して脫落して去つた。

▲第二審開始　昭和十八年十二月七日

大阪控訴院第二刑事部

裁判長　大野新一郎

——大野判事は民間では今越前の守と稱され、剛毅果斷、權威に屈せず、世流に阿《おも》ねず、その公正なる裁判ぶりを讚えられていたが、その爲め官界では何時も睨《にら》まれ、萬年判事の地位は少しも上がらなかつた——

裁判長「どうだこの事件をとり下げては。大戰爭をしている此際に、この様な問題で理窟をつけている時ではないよ……神を鬼と云い、又國神を十界中に攝しているのはよくない、此時局に之を控訴しては、猶更この不敬を傳播《でんぱ》させるような結果になるから直ちにとりさげては如何、第一審の判決は非常に寛大であるから」

「裁判長閣下、この時局多端の折柄御手數を煩《わずらわ》して誠に恐縮で御座います。然し、私等は大戰爭をしているこの際であるから控訴するのであります。裁判長の仰《おお》せられた神を鬼とし國神を十界に攝しているとか、それは決して日蓮日隆の思想ではありません。反對に日蓮日隆の破折《はしやく》している對象なのです。之をハツキリしなければ日本佛教が確立しません。日本の佛教がハツキリしなければ聖戰の內容がなくなると私等は信じて居ります。何故なれば大東亞圈というのは佛教流布の國土でありますから、この本家本元の日本が神と佛とが對立し、その本質が分らんようでは駄目だと思います。神戸では其の調べが一般世間的常識を出でないように思われました。今回は是非私等の信念の根據である教義的方面にも亘つて充分御調べを……」

裁判長之を遮《さえぎ》つて

「裁判所で教義を調べろということは君達が間違つている。茲はそんな教義や御說教を聞くところではない。法律的に判斷するところだ、法律的に判斷すれば、何んというてもいかんよ。君達は控訴すれば無罪になるとでも思うているのか、一佛教家として教義の尊重もよいが、もつと大きい立場から日本人として出直したらどうだ‼」

裁判長はモー一ぺん大きな聲で「とり下げろ‼」と大喝した。

「裁判長、モー一度よく聞いて下さい。御言葉の如く私等は日本人として而も眞の日本人としてこの問題を考えて考え抜いて控訴しているのです。我々の有罪無罪、そんなことを考えているのではないのです。前程《さき》日本の佛法と申上げたことは結局、日本國體の明徴ということなのです。日本は久しく神國として建つてきたがその神を宣示顯說してくれる眞の佛法はなかつたのです。日蓮聖人出世して始めて日本の佛法現われ、神とは何ぞや、佛とは何んぞやの根本問題の本質を明らかにし、その統合的總體を一紙に書き顯したのが曼陀羅本尊であります。その曼陀羅の中心に日本國體明徵の根元が示されています。それが今回の不敬事件發生の國神に當るのでありますが、このことはすでに七百年前日蓮聖人が三大秘法鈔という遺書に發表されたことで、今日のこの裁判沙汰も悉く豫言に出ているのであります。神とは何ぞや……という肝心のことが分らぬ者が畏れ多くも天照太神をかついで滿州へ持つて行つたり、南方へ神社を建てたり、そんなことでこの戰爭が神の意に叶うものでしょうか。神の意に叶はなければ斷じて天祐神助なく、天祐神助なき處、魔來り鬼起る。遂に敗戰亡國の不吉さえ豫想しなければなりません――一切の大事の中に國の亡ぶる事大事の中の大事なり――と愛國の熱誠を傾けられた日蓮聖人の流れを汲む不肖等は、近來打ち續く天災地變*を見、日蓮聖人の立正安國論と照し合せて憂憤おく能わざるものがあります。裁判長閣下、重ねて申上げます。私等個人のことを御願いしているのではありません。何卒本件を通うじて萬人、萬國よろこんで歸一出來る日本國體の根源を明らかにし、お國の一大事を救うていたゞきたいのであります」

裁判長――瞑目熟慮の後

「そうか、さういう事情があるならば考えてみる。君等の方でもよく考へるがよい」

▲紫のふくさ

昭和十九年七月一日

松井正純、證人として出頭、恭《うやうや》しく紫のふくさの中から古色蒼然たる古本一冊を證據に呈出した。これぞ伏見宮法親王日承（本能寺第八世）上人直筆（日隆上人の私新鈔**の寫本）なれば裁判長以下起立して　恭しく拜覽。

＊　近来打ち続く天変地変　一九四三年（昭和一八）九月一〇日に、鳥取大地震が起きているが、このあたりを意識したものか。

＊＊　私新鈔　「私新抄」のことであろう。鈔は抄に通ず。「私新抄」については、本文二四ページ最終行を参照。

處がその巻尾の裏面に
〝この本は法命を繼ぐもの也〟
と墨痕りんりと書かれてあつた。
天照太神を內證佛菩薩、現相鬼畜と書かれてある私新鈔*を以て皇室の連枝、法親王が法命を繼ぐもの也と最高價値に證明されているのは皮肉の極《きわま》りであつた。

◬ 山田辯護士の熱辯—四時間半

七月二十日
この日、山田一太郎辯護士の辯論、實に四時間半にわたり刑事辯護の長記錄を樹立した。
彼は先づ冒頭
法華經の一大事因緣より說き起し、本事件は一大事因緣から出ている事を强調し、その一大因緣の具體的に示されてある三大秘法鈔の概要を述べ、得意の十七條憲法に及び光焔萬丈の熱辯を振い、一轉法理論に移り、違法性の有無、不敬の認識、期待可能性の各項について法律的專門の考察を進め、再び教學的見解に歸り、曼陀羅國神を縱横に解剖し、最後に北條幕府の彈壓下「久しく大忠を

＊ 私新鈔 「私新抄」のことであろう。前ページ注＊＊に同じ。

懐いて未だ微望《びぼう》を達せず」と追懐して*憚らぬ日蓮聖人、「この日蓮上人及びその宗門が無慈悲の讒言《ざんげん》により不敬の二字を以て斷罪せられんとすることは如何にしても見るに忍びないのであります。本辯護人、一切自費を以て法廷に立ちし所以は法國を想ふ憂念に堪えないからであります。願《ねが》くは無罪の御判決を賜ります事は、決して被告個人の幸のみでなく、必ず國家の大慶であると信じて疑わぬものであります……」と結んでいる。

この日は又きびしい暑さの中で、秘密裁判でドアをしめ切つている法廷は、蒸し風呂のようであつたが、この中で大野裁判長は身動きもせず　端然として傾聴していた。

五　果然　無罪の判決下る

——被告、辯護士、相擁して泣く——

昭和十九年八月二十六日

控訴審、判決下る

無罪

何人も（當事者以外）豫期していなかつた神の聲か、人の聲か。

＊追懐して　一二七一年（文永八）の「一昨日御書」が典拠か。

判決主文理由

判　決

本籍竝住居　大阪府北河内郡寝屋川町大字木屋八番地

僧侶　苅谷日任

明治二十一年十一月十三日生

本籍　福井縣大野郡大野町二百十六號十七番地

住居　京都市中京《なかぎょう》區寺町通御池下《さが》ル本能寺前町五百二十二番地ノ一

本能寺塔中　蓮承院内

僧侶　株橋定雄

明治四十二年十一月二十日生

右者等ニ對スル不敬被告事件ニ付昭和十八年八月三十一日神戸地方裁判所カ言渡シタル有罪ノ判決ニ對シ被告人等ヨリ夫々《それぞれ》適法ナル控訴ノ申立アリタルヲ以テ當院ハ檢事片岡猷一關與ノ上審理ヲ遂ケ更ニ判決スルコト左ノ如シ

主　文

被告人等ハ孰レモ無罪

理　由

本件公訴事實ハ（豫審終結決定と同文依つて省略……筆者）
仍《よつ》テ按スルニ右訴事實中　冒頭ノ本門法華宗ニ關スル點　第一事實中被告人苅谷日任ノ經歴　本門法華宗教義綱要ノ編纂　印刷　發行　頒布ノ經緯並被告人日任カ同書中第四宗要門第二章第四節「本門ノ本尊」ノ解說ニ際シ　前記ノ如ク門祖日隆著私新抄第五「本尊具足十界事」中「天照太神*の諸神は內證に隨へば佛菩薩の二界に攝す可く現相を以て之を云はば鬼畜に攝すべし」云云ノ文言ヲ含ム一節ヲ引用シタル點　第二事實中被告人株橋定雄ノ經歴　本門法華宗綱要（草案）ノ編纂　謄寫印刷　頒布ノ經緯並被告人定雄カ同書中第六章第五節第一項第五「本尊の本質」ノ解說ニ際《あた》リ　前記ノ如ク門祖日隆著私新抄第九「首題能生十界所生事」中「菩薩部に叶はざる機の爲に二乘等の聲聞の形を顯はせり　是に叶はざる機の爲に不動愛染等の明王の形を以て益物す　其れに叶はざる機の爲には虛空藏辨財天《べんざいてん》等の形を顯《あらわ》して之を益ス　其れに叶はざれば○○○神**等の諸神の形を以て結縁す　之に顯はざる爲には美男美女の形を顯して之を益す」等ノ文言ヲ含ム一節ヲ引用シタル點ハ　何レモ被告人兩名の當公廷に於ける其ノ旨ノ供述ニ依リ明白ナリ
而シテ被告人等カ時局ニ順應シツヽ　宗祖日蓮門祖日隆開宗ノ眞精神ヲ顯現發揚ス

＊　天照太神　原文のまま。判決原本では、「天照大神」。以下、次ページまで、これについて注記しない。

＊＊　○○○神　「天照太神」であろう。本文一一〇ページ参照。

ルノ明智ヲ缺《か》キ　本門法華宗ノ各教義綱要ヲ著作スルニ際シ、前記ノ如キ私新抄ノ文言ヲ漫然引用解說ノ用ニ供シタルハ　固《もと》ヨリ不注意不謹愼ノ譏《そしり》ヲ免レス　將來ニ於テモ更ニ戒愼ヲ要スルコト勿論ナリト雖モ　被告人兩名カ右著作ヲ爲スニ至リシ事情　目的著作ニ表ハレタル全趣旨、引用セラレタル私新抄自體ノ全體ヲ貫ク精神及該當引用部分ノ眞意ヲ考覈《こうかく》スルトキハ　右記述ヲ以テ直ニ被告兩名ニ於テ　畏《かしこ》クモ我國民絕對尊崇ノ　天照太神ノ御神德ヲ冐頭シ*太神ヲ御祭神トスル　皇大神宮ニ對シ奉リ不敬ノ行爲ヲ爲スノ犯意アリタリト速斷スヘキニ非ス　尤モ一件記錄中ニハ被告人兩名カ不敬ノ意思ヲ自白シタル如キ供述記載無キニ非ルモ　被告人等ノ當法廷ニ於ケル詳細ナル供述　關係文獻ノ精査　被告人等ノ本門法華宗僧侶竝《ならび》ニ學林教授トシテ門祖日隆ニ對スル特殊ノ地位關係　被告人日任カ其ノ大削減前ノ本門法華宗教義綱要原稿（證第百五十號）ニ「當宗の本意は天照太神八幡菩薩は佛菩薩と爲す　御指南の如し異解ある可からず」ト　特ニ附記シタル點、被告人定雄カ本門法華宗綱要（草案）編纂ニ際シ被告人日任ノ過誤ヲ再ヒセサルコトノ留意シタル苦心ノ跡見ルヘキモノアル點ニ徵スレハ　右供述記載ハ被告人等カ拘束中係官ノ訊問ニ迎合シタル眞意ニ出テサル供述トシテ措信シ難ク　結局被告人等ニ於テ神宮ニ對シ不敬ノ行爲ニ出ツル犯意アリタリトノ點ニ付テハ　犯罪ノ證明ナキモノト認メサル

＊　冐頭シ　あるいは「冐瀆シ」の誤植か。

ヲ得ス
従ツテ本件公訴事實ハ犯罪ノ證明ナキヲ以テ、刑事訴訟法第四百七條第三百六十二條ニ則リ被告人兩名ニ對シ無罪ノ言渡ヲ爲スヘキモノトス　仍テ主文ノ如ク判決ス
本件控訴ハ理由アリ
昭和十九年八月二十六日
大阪控訴院第二刑事部
裁判長　判事　大野新一郎
判事　堤　實雄
判事　久保寺誠夫

判決下るや、熱血漢山田辯護士は「有り難う御座います」「ありがとう御座います」といく度びもくり返していたが、溢《あふ》れくる涙のために目ガネが曇つて、控訴院の階段を、苅谷、株橋に助けられて漸く降りた。廊下を出た時
「私新抄自體の全體を貫く精神及び該書引用部分の眞意から考えたと言うたね……これが何により有り難かつた……」
「そうだ、われ等遂に、蓮隆*の正法を守ることが出來た。忝けない……」

＊　蓮隆の正法　日蓮、日隆の正法の意。

三人は相擁して暫く男泣きに泣いた。
院外に待機していた三吉、松井、小笠原の同志は勿論兩師後援法友會の法友がドツと歡呼の聲を擧げたのは言うまでもない。早速報告が飛んだ。

「合掌（前略）
扨《さ》てかねて甚大の御配慮を煩せし舊本門法華宗教義綱要事件は四箇年の歳月に亘り嚴正なる司廷に於て審査の處遂に昨八月廿六日控訴院に於て苅谷日任、株橋諦秀兩師共無罪の判決と相成候　而も其の判決の理由の要旨はたゞに兩師の心意に何等《なんら》不敬なきのみならず問題の核心日隆聖人の私新抄を一貫して蓮隆教學に毫《ごう》も不敬なき旨、確然たる明判に有之、吾等一同實に暗雲を排して天日を仰ぐ思ひを致し、長年所謂公場對決を通して、聊《いささ》か日蓮大聖人日隆上人の正義を宣述して之を貫徹し得たる事、只々有り難く感涙留め難き次第に候……（後略）……云々

全く無罪とは（當時者以外）豫期していなかつた判決であつたので、全宗門内外、驚倒の態であつた。宗內にも漸く活氣が蘇りはじめてきた。

△ 検事上告――大審院へ

之に反し、検事側の瞋怒《しんど》は激しいものがあつた。戰爭も末期に近付き焦躁の色おうべくもなき日本フアツシヨの陣營は、愈々國內彈壓に忙しく襲いかかつていた。この時局、政府の心も知らず何

＊当時者「当事者」の誤記あるいは誤植であろう。

んたる大膽不敵の判決ぞ、これでは軍も右翼も納《おさま》るまい。斷然檢事上告だと、八月三十日附大阪控訴院檢事長遠藤常壽の名を以つて大審院へ上告したのであつた。

六　戰時下の赤十字運動

——陣頭に立つ出獄僧——

▲傷病兵輸送自動車二十八臺を前線へ贈る

前に出獄した三吉、松井、小笠原等を宗門の公職に復歸せしむべきか否か、三派合同*成つた法華宗では惱みの種であつた。宗務總監水本日玄は公文書を以て、當時の檢察官で現に兵庫縣加古川の警察署長をしていた萩原警視に照會した。其回答文には「三師を宗教界稀に見る傑物と稱揚し、かゝる人物を活用することこそ、宗門の爲めは勿論、國家の爲めにも幸甚と存じる旨」が記されていたので、稍安心し、さし當り松井を法華宗報國會理事長に推任した。

その頃の日本各宗教團體は、完全に軍國主義の軍門に降り、率先戰爭に協力し、その爲めに報國

＊三派合同　一九四一年（昭和一六）三月二八日、法華宗・本門法華宗・本妙法華宗の三派が合同し、あらたに「法華宗」が成立した。ちなみに、旧「本門法華宗」の幹部が検挙されたのは、この合同の直後、同年四月一一日のことだった。

會を作り（政府の命令で）――戦闘機、建艦費、新兵器等の献納に檀信徒を總動員し、殊に外見華やかに空を飛ぶ戰闘機の献納は大流行であつた。

法華宗報國會も何にかかせねばならぬ、外部から戰爭に飛行機が足らぬ、戰闘機を献納せよとの半ば强制的要求が出て來たが、わが國宗教團體のありかたを獄中で沈思三省した出獄僧侶は斷乎拒否し、あくまで宗教團體の立場から赤十字運動を展開すべきであると決意し、その方法に就て、かねて前線歸還者から聞いていた前線にはタンカだけで、傷病兵輸送自動車がないので、あたら一命を落す兵隊が如何に多いかとの嘆きに對して、茲《ここ》に法華宗報國會が

〃傷病兵輸送自動車献納運動〃を全國に展開すべく起ち上がつた。

◈信仰の力で守れ傷病兵◈

のモツトーを掲げ、松井理事長は陣頭に立つて全國を驅けめぐつて激勵した。三吉は關東に、小笠原は關西、四國に夫々《それぞれ》勸說行脚《かんぜいあんぎや》して奮闘した。

反響は大きかつた。これこそ眞に佛を信じる者の淨業だと、共鳴の聲は嵐の如く起り、献金は豫定を超過して續々集り、遂に昭和十八年春から十九年六月にかけて陸海軍の前線へ贈る〃傷病兵輸送自動車〃は二十八臺に及ぶ好成績を納めた。

總司令部の宗教に關する占領報告書「日本の宗教」の中に
〝不協力宗教僧侶は威赫されて沈默してしまつたが、ある宗派はその經典の中から不都合な文句を取り除けよという極端な要求に默従することを拒んだ。少くとも一佛教宗派は傷病兵運搬車は献納したが、飛行機献金をば拒絶したということである〟
この宗派の名は言われなくとも御分りであろう。

七　高雄の嵐

――原先生の獄死――

原先生は公場對決の直接指導に當るため、昭和十八年春、東京千駄ケ谷の自邸を拂つて京都郊外高雄の山中石雲庵（石田氏*別邸）へ居を移された。

先生の日常生活は全く聖者のそれを見るが如くであつた。魚、肉、酒は一切口にせられず、淡白な野菜を少食せられ、朝夕の御つとめ以外は、日隆上人の三千餘帖の御聖教に目を曝《さら》す**のにいそがしかつた。

先生は不思議な人でもあつた。私等が突然訪問すると、何んの前觸れもしてなかつたのに、門前

＊　石田氏　石田音吉のことであろう。
＊＊　曝す　ここでは「くまなくみる」の意。

に待つて居られたことが再三あり
「先生、私等が訪ねてくることがどうして前に御分りですか」

「さあ！　そんなニオイがしてくるからね」と笑つておられた。

又、京都へ出られて深夜三里の暗夜を案じて、お泊りか、或ひは提灯でも、と言へば
「いや、私は日常、白毫《びやくごう》放光があるので道なんかちつとも困らないよ」と、ほんとうに何んの御供もなく、飛ぶが如く歸られるのが常であつた。

五人の出獄僧が屢々石雲庵に參じて金剛不動の信念と學解を與えられた。殊に御遺文削除問題で内務省の情報局を完封したり、控訴院で無罪の大勝を博した事實は悉く先生の指導の結果と謂うても過言でない。

全く陰の總指揮官であつた。

それだけ魔王の狙うところでもあつた。

危い哉、先生の身邊は、知らぬ間にひしひしと圍まれてきていた。

運命の日は昭和十九年十一月十一日の朝、一臺の警察自動車が四人の刑事を乘せて高雄街道を疾驅して來た。

その頃、先生は毎朝、神護寺境内の落葉を掃くのが日課であつた。

落葉拾う手をやめて、靜かに先生は捕えられて去つた。

高雄、神護寺境内……森閑として音もなく。

▲ 從容として死に就く

先生は何が故に逮捕引致されたか、今だにとけぬ謎である。

京都の中立賣署《なかだちうり》から山梨の甲府へ護送された。そのまゝ絶對面接禁止で收監された。爾來《じらい》七ケ月
酷寒甲府の嚴冬と、絶え間なき拷問は、五十九歳の老身には堪ゆるべくもなかつた。

遂に先生は逝つた。昭和二十年六月十一日。この變化の菩薩は、もはや自己の使命の了つたのを覺り、從容として死に就いた。

毒杯を呷いだ聖者ソクラテスの如き崇高なる獄死……天泣き地悲しむ日であつた。

死に際し「本能寺日隆上人……」と言われたほか、何んの遺言もなかつた。

たゞ獄中にあつて早くより「日本必敗亡國」を確言し、檢察官の憤怒をあわれんでいたが、先生逝いて二ケ月後には、先生の豫言の眞實なることをはつきり見せられた彼等は、神を殺した天罰の

恐しさに慄《ふる》えあがつた。

秘密裁判で極力片づけようとする軍、官の意向も控訴院の無罪判決と検事局の大審院への上告で漸く世表に浮び上がつてきた。

同時に　天照大神を鬼畜と斷ぜる彼等不逞の一味を伺んで無罪にしたのか……軍、官、右翼の激昂は物凄く、是が非でも無罪を覆して有罪嚴罰にせよと、わめきたてた。

敗戰間近く魔王の最後的攻撃に對して、天は花井忠氏を起たしめた。

▲義憤　花井忠起つ

花井辯護士は、その俊秀を見こまれて花井卓造博士の後繼者とされた傑物で、其法理論の深さ、溫雅篤實なる人格と相俟つて岳父以上と評され、法曹界の重鎭である。

彼は早くよりこの宗教に對する暴戾《ぼうれい》極まる官憲の彈壓に對して、心中義憤を感じ、この事件の成り行きをみていたのであるが、こと遂に大審院に至るや、默視するに忍びずと自ら法廷え立つ事となつた。

八　大審院の最終判決

——天火降つて神聖審判下る——

法曹界の重鎭花井忠起つて、愈々昭和法難の大詰めにふさわしい舞臺裝置が出來上り、大審院も愼重を期した。

併しことが事である。「神とは何んぞや」「佛とは何んぞや」を前提としての裁判、こんなことは日本裁判始まつて以來曾《か》つてない難事件で、流石の大審院も持て餘し氣味であつた。

然し何んとか片をつけねばならない。

カミソリ檢事とうたわれた主任平野利檢事は、檢事團を代表して猛然、重罪嚴罰を以て迫つた。

窮した大審院の判決は敗戰の年の三月八日、裁判長久保田英美によつて下された。

〝原審破棄　控訴院へ差し戻す〟

原審を破棄し、モー一遍控訴院でやり直せ……と、あゝ日本は遂に神佛の問題に正當なる判決を下す裁判官がなきことを立證した。

陛下の名代たる最高の大審院まできたが、敗戰日本の運命はもはや、事の戒壇出現の先相を透見する明《めい》を失つていた。これ以上いかなる裁判も無用であろう。

果然、人間の手を離れて、天の最後の審判が下つた。

翌九日、忽《たちま》ち飛び來つたB29はたゞ一發の燒夷彈を直擊して、この神聖不可侵なる大審院の法廷を爆碎して了つた。而もそこにはこの事件に關する一切の書類が殘してあつた（まだ大金庫へ入れずに……）……瞬時にしてそれらの一切は灰燼に歸し跡形もなく燒き拂われてしまつたのである。

噫、實に何んたる崇高絕對なる天のさばきなることよ。

人間の區々《くく》たる計いを、一瞬にして粉碎して、その無用を誡示した。

呆然と燒跡に佇んだ檢事の胸にも、何かしら絕對者の計いといふものを感ぜざるを得なかつた。

一切が灰燼に歸した。それでは差し戾すと言つても裁判の再開は絕對不能である。平野主任檢事はあせつた。何にか殘つておらぬか、丁度あつた。たゞ一つの寫しが某判事の手許に殘されてあつた。しかし、それには被告の原籍地が載つていなかつたので、彼はそれを補充複製して再審の資料にすべく書記に命じて大金庫に入れ嚴重保管をさせた。

處が、不思議なる哉。

又しても、この大金庫がB29の直擊するところとなり、微塵にくだけ散つて唯一最後の資料も空しく無に歸した。恰も日本敗戰を暗示するごとく。

▲敗戰來る

今は萬策盡きた。

差し戻すにより、當然開かるべき控訴院の再審は、何時まで經つても開《あ》かずの扉に終つた。既に本事件の爆砕終了によつて、日本敗戰の運命が豫告された如く、戰況は刻々斷末魔の様相を帯び、本土決戰の軍閥最後のあがきも空《むな》しく遂に八月十五日……敗戰の日を迎えた。

永い間、天皇を現人神として雲の上に押し上げていた軍、官、幕府の支柱が崩壊し去ると同時刻に、一切の眞理と正法を天照大神の膝下に從屬せしめんとした、おろかにもあさましきたくらみは、文字通り幻の如く消え去つたのは當然のなりゆきであつた。

本件は昭和二十年十月二十五日、被告等の再審要求に對し、反對に資料も氣力も失つた檢事側が大赦令による公訴權消滅を理由に〝免訴〟を主張し、やれといふ被告とやらないといふ檢事と主客忽ち立ち場を換え、無理が引つ込み、道理が勝つ。かくして一切が雲散霧消し、青天に白日を仰いだことはいうまでもない。

明かなること日月に過ぎんや
浄《きよ》きこと蓮花に過ぎんや

起るべくして起つた無慈悲の讒言、五ケ年に亘り、國家と公場對決で戰つた法戰も、遂に謗法の國家は敗れ去つて、正法の嚴然たる存在をあまねく世界に廣宣する時が來たのである。

九　平野檢事の歸正

――眞日本の先兆――

大審院の思想主任檢事として本事件の公判に立會つた平野利檢事は、司法省課長から轉任してこれを前任者から引き渡されたのであつたが、隨分無理な起訴だ……と法華經(迹門《しやくもん》)信者としての個人的立場より良心的に聊か穩かでなかつたが、何にしろ軍、官の全盛フアツシヨ時代、上司の命に從い職責を遂行せんとしたが、遂に二度まで〝天火降《くだ》る〟の現證をみてはどうしても打ち消せない神佛の計《はから》いを、心ひそかに感ぜざるを得なかつた。

その後、千葉の檢事正に榮轉したが、この事は頭えコビリついて離れなかつた。

そこへ現われたのは法華宗獅子吼《ししく》會の大塚日現師であつた。大塚師は全國數萬の信者から今日蓮と尊信されている人で、郷里が千葉にあるのと、永年司法保護事業を經營している關係上、平野檢事正と會う機會があつた。

一日、大塚師から諄々と一大事因縁を說かれ、折伏嚴誡に會つた平野氏は飜然と悟り、ハラハラと懺悔の涙を流し、從來の迹門法華の迷いを一擲し、本門法華えの歸正を堅く誓うたのであつた。

かくして曾《かつ》て公人の立場に於て正法を擊つた平野檢事は、妙法の不可思議な現證と大塚師の題目行者としての精進に感激して、正法、法華の熱烈なる信者となり、無始已來《いらい》の罪障消滅を高唱して皆歸妙法に一身を捧ぐる身に更生した。

擱筆に當り、本事件は

〝事の戒壇建立史上〟いくばくの價値を有するものなるかは、暫く今後の展開に待たねばならぬであろうが、今、一往の終幕に際し、明らかに示された、

平野檢事の逆即是順、即身成佛の現證こそ、謗國（亡國）……日本の更生する將來えの方向を正しく先示されたものと……私は深く信解する。

――これ實に本書執筆の一貫せる念願である――。

『附錄』廣島殉教記

――戰時中官憲の彈壓を蒙つた法華宗布教所の神社强制參拜拒否事件の報告書――

一、彈壓を蒙つた寺院と信徒名

廣島縣芦品《あしな》郡有磨《ありま》村下有地《むらしもあるじ》八四〇ノ二　本久寺

（事件當時は法華宗布教所）

上村行次郎　江草膳三郎　佐野亮太

二、檢擧留置

身分	氏名	留置署名	留置期間	備考
廣島縣本久寺信徒	上村行次郎	廣島市西署	昭和二〇年四月 昭和二〇年八月六日	留置中廣島市西署に於て原子爆彈にて散る
同	江草膳三郎	同右	同右	同右
同	佐野亮太	宇品署	昭和二〇年四月 昭和二〇年八月二十五日	

昭和二十年四月前記三名は自宅より廣島縣府中署で檢束をうけ同日縣特高課によつて廣島市西署並に宇品《うじな》署に留置された。

三、檢擧の理由

信教の自由は憲法によつて規定されている處であるが、當時は神がかり的な國家によつて神社神道を國教であるように鼓吹されていた。それを手足の如く實踐したのは全國の町村等部落の役員であつて、戰勝祈願と稱しては大小神社へ各世帶より一名づゝ早朝參拜を强要した。當時の各世帶は壯青年は大部分應召應徵等で家になく、家に居る者は概ね老若であつて朝の炊事中にも拘わらず神社へ參詣させられたのである。中には熱心の餘り參拜手帳を作成して各世帶に配布し、神社早朝參拜の認證として日時と神社印を捺して之を部落役員が點檢した所もあつた。このように神社神道の鼓吹は全國的に蔓延して、神社へ參拜せぬ者は非國民であるように國民へ教育したのである。之に便乘したのが神社であつて、神宮の大廠《たいま》*を强制的に或は半强制的に須布**して之を祀らせ初穗料を徴收した。

前記三名は純粹の法華宗信徒であつて、日蓮聖人奠定《てんてい》の曼荼羅中に天照太神、八幡大菩薩の二神を勸請してあつて、之を禮拜することによつて神宮の大廠はうけずとも神社に參拜せずとも不敬ではないとの信念から神社參拜、大廠受領を拒否したのである。大廠の件でも一枚十錢であるから受取り、後刻燒いてもよい。村の體面上一軒殘らず受取つて貰いたいとの

＊　大麻　伊勢神宮および諸社が授与するお札のこと。

＊＊　須布　「頒布」の誤植であろう。

申入をも金錢上の問題ではなく、頒布行爲による神意の冒瀆行爲であると、斷じて之を拒絶した、その結果、縣社一官*國幣小社の地方例祭の日に縣社寺課、府中警察署長、元呉警察署長村長、地方神社神宮神社關係者等數十名來《きた》つて上村行次郎、住職江草德行實弟と會見して之を難詰強壓した。數時間に亘つて激論をかわしたがその日は何等の事なく彼等は辭去した。數日後になつて上村行次郎、江草膳三郎、佐野亮太の三名は着のみ着のままの姿で家人と打合せも許されず、大罪人の如く自動車で府中署に連行、即日廣島市西署と宇品署へ留置したのである。と同時に信仰の對象である本尊佛體佛具什物等一切を、參考資料として金襴打敷《うちしき》等を無體にも外して之を包み御寳前《ごほうぜん》を荒してトラック二臺に滿載持去つたのである。沒收した佛具は什物等のうち廣島市西署に於ては原子爆彈による空襲で烏有に歸し、府中署にあつた佛具什物のみは後日返還された。

四、判　決

上村行次郎江草膳三郎は廣島西署佐野亮太は宇品署に夫々《それぞれ》留置され警察當局の非道な訊問をうけた後、檢事局に送られ無罪と決定、八月一日釋放を申渡された。

五、犧　牲——原爆に散る殉教信徒の聖血——

＊　一官　「一宮」の誤植であろう。

八月一日附無罪釋放と決定されて歸宅を許されたに拘わらず何故か警察は三名をその儘留置した。そのために八月六日廣島市に原子爆彈投下によつて上村行次郎、江草膳三郎の兩名は爆死した。その際押收された佛具什物等も烏有に歸した。佐野亮太は宇品署にて難を免れた處、八月一日釋放にも拘わらず八月二十五日迄留置され、終戰も知らずして漸く釋放された尚右三名留置中に本久寺（當時法華宗布教所）信徒十數名は數度に亘つて、府中署に出頭を命ぜられ訊問をうけた。

廣島縣特高課、廣島市西署等が八月一日附無罪釋放の檢事局命令を遵守して即日釋放していれば上村、江草の兩名は爆死しないし、更に廣島市西署に保管してあつた佛具什物は烏有に歸せずとも濟んだのである。

曼陀羅國神不敬事件の眞相

昭和二十四年十月三十日印刷
昭和二十四年十一月五日發行

非賣品
（會員頒價 百 圓）

著者 小笠原日堂

京都府乙訓郡大山崎村
印刷兼發行者 小畠啓孝

京都市河原町三條上ル
印刷所 富士印刷株式會社

京都府乙訓郡大山崎村
發行所 無上道出版部

【解題】昭和法難・曼陀羅国神不敬事件に学ぶ

礫川全次

『曼陀羅国神不敬事件の真相』の翻刻にあたって

一　翻刻にあたっては、原本の全ページにわたって、原本の用字と版面をそのまま再現した。

二　原本「目次」の見出し、ページ表記において、本文と相違している部分があるが、原文のままにしてある。

三　誤植と思われる部分については、脚注でその旨を指摘した。

四　難語については、脚注で最小限の説明をおこなった。ただし、仏教の教義に関わる専門用語について、説明することはできなかった。

五　難読語については、現代かなづかいを用いてルビを振った。仏教用語については、何通りかの読みが存在するものがあるが、最も妥当と思われる読みを選んだ。

六　原本では、二〇か所あまりに原ルビが施されていたので、そのまま再現した。原ルビである旨の注記はしていないが、巻末に原ルビの一覧表を付しておいた。

ここに翻刻した『曼陀羅国神不敬事件の真相』は、よく知られている本ではない。しかし、近代日本における宗教史を研究する上で、あるいは昭和史・戦中史を研究する上で、この上なく重要な意味を持つ文献である。いわば、隠れた名著である。

数年前、知人の宗教研究家から、同書のコピーをいただいた。家永三郎が、どこかで、この文献を引いていたことは記憶していたが、実際に読んだことはなかった。もちろん、「曼陀羅国神不敬事件」なる事件の概要も把握していなかった。

一読して驚いた。そもそも、戦中に、伝統を誇る法華宗(日蓮門下)の高僧・幹部が苛酷な弾圧を受けていた事実、それに対して同宗が組織をあげて抵抗し、裁判において弾圧の不当性を暴いていた事実を知らなかった。著者の小笠原日堂師自身が、弾圧を受けた幹部の一人であって、同書において、みずからが体験した弾圧の実際をリアルに再現している。その筆力が尋常ではない。まさにこれは、戦中の宗教弾圧とそれに対する抵抗についての、詳細かつ具体的な記録である。こうした文献は、他にそうあるものではない。なぜこの本の存在が、広く知られてこなかったのだろうか。

というのが、最初の読後感であった。

小笠原日堂著『曼陀羅国神不敬事件の真相』は、一九四九年（昭和二四）一一月五日に、京都府乙訓《おとくに》郡大山崎村の無上道出版部から刊行されている。奥付には「非売品（会員頒価百円）」とある。国立国会図書館のデータでは、そのタイトルは「マンダラクニツカミフケイジケンノシンソウ」と記されているが、同書の第三版（大本山本能寺出版部、一九八四）によれば、この読みは訂正されなくてはならない。正しくは、「マンダラコクシンフケイジケンノシンソウ」である。ちなみに、同書の第三版も「非売品」だが、入手は可能である。同書の第二版は、一九六八年に発行されているようだが、現物を確認していない。

この本の著者である小笠原日堂師は、一九〇一年（明治三四）一〇月一四日生まれ。京都卯木山《うぼくさん》妙蓮寺の僧侶で、「曼陀羅国神不敬事件」で検挙されている。そのときの体験をもとにとして、この本を執筆したのである。師は、一九五一年（昭和二六）二月一五日、五〇歳の若さで亡くなっている。

小笠原師は、同書の「はしがき」において、「本事件は日蓮上人図顕《ずけん》曼陀羅中の国神天照太神に対し、日本皇祖神を冒瀆するものとして不敬罪を以て政府から告発されたもので、従来の法論等に因る法難とは本質を異にする日蓮宗史七百年未曾有の事件でありました」と書いている。「日蓮宗史七百年未曾有の事件」という言葉に誇張はない。

また師は、「戦争中は極端な言論抑圧で国民の耳目を塞いだ時の事なので世間一般は元より、法華宗内部日蓮門下同志の間でさえ余り知つていない。否、知らされていない」とも述べている。これだけの事件でありながら、戦後間もない一九四九年の段階で、この事件のことを知る人は多くなかった。今日、この事件のことを知らない人が多いのは、当然とも言える。本翻刻版を手にされる読者の多くは、この本によって初めて「曼陀羅国神不敬事件」という重大な宗教弾圧事件を知り、同時に、この本の重要性に気づかれることになろう。

＊　＊　＊　＊

戦前・戦中に、大本教（大本）、ほんみち（天理本道）、ひとのみち（扶桑教ひとのみち教団）、灯台社（ものみの塔聖書冊子協会日本支部）、創価教育学会といった宗教団体が弾圧されたことは、よく知られている。それらについての研究書や資料の数も多数に及ぶ。これらの宗教団体（宗派）は、いずれも新興宗教と呼ばれるものであった。その一方で、実は、伝統を誇る既成の仏教宗派に対しても、昭和前期および戦中、苛酷な弾圧が加えられていたことを忘れてはならない。

そうした既成仏教宗派に対する弾圧の中でも、特に注目しなければならないのが、本書『曼陀羅国神不敬事件の真相』に描かれた法華宗への弾圧である。曼陀羅国神不敬事件そのものは、一九四一年（昭和一六）四月一一日に起きた。

本書の四八～四九ページ（原本）で、著者は、事件当時の雰囲気を次のように描写している。

迫り來る大東亞戰爭準備の爲め、國體思想統一と稱し、一切の宗教を神道一色に塗りつぶし、宗教團體を戰爭協力へ驅り立てる爲め、先づ自由主義的教義を改變し、一切を軍國主義の膝下《しっか》に置く、國主法従えと露骨な干渉、暴力的强制を行つた。〔中略〕

而《しこう》して國主法従えの基準は惟神道《かんながらのみち》で、その惟神道の最高絶對天照大神である。

一切の宗教は天照大神へ歸一すべきである。苟《いや》しくもこの神の上に立つもの、この神の本體を説明するもの、それは例え宇宙の眞理正法であろうとも、絶對に許すべからざるものである

……と堅く方針が定められていた。

当時、伝統的宗教、新興宗教の区別なく、あらゆる宗教宗派が、「天照大神」に帰一させられ、「神道一色」に塗りつぶされようとしていた。そうした中で、伝統的な宗教においては、法華宗のみが、そうした宗教政策に対して敢然として抵抗し、苛酷な弾圧を蒙る一方で、法廷闘争において、国家と互角に渉りあったのである。

＊　＊　＊　＊

曼陀羅国神不敬事件は、「法華宗」に対する宗教弾圧事件であるが、より正確に言えば、「旧本門法華宗」に対する宗教弾圧事件であった。ここに、「旧本門法華宗」に対すると規定したのは、戦時下、文部省の強力な干渉によって、一九四一年（昭和一六）三月一日に、本門法華宗・法華宗・本妙法華宗の三派が合同し、新たに「法華宗」が成立していたところ、弾圧の対象となったのは、主として、このうち「旧本門法華宗」だったからである。

ちなみに、これら三派合同による「法華宗」は、戦後の一九五二年（昭和二七）七月二四日に合同を解消し、その後「旧本門法華宗」は、法華宗本門流を名乗って今日にいたっている。

それにしても、なぜ法華宗（旧本門法華宗）が狙われたのか。なぜ、法華宗（旧本門法華宗）のみが、弾圧に立ち向かえたのか。

よく知られているように、満州事変（一九三一）の主謀者・石原莞爾《かんじ》、血盟団事件（一九三二）の中心人物・井上日召《にっしょう》、二・二六事件（一九三六）の黒幕とされる北一輝は、いずれも日蓮主義者であった。彼らの過激な思想と行動は、昭和史を大きく動かしたのであった。

その一方で、ほぼ時期を同じくして、日蓮門下の法華宗（旧本門法華宗）が宗教弾圧を受け、それに立ち向かうという出来事があった。

　どちらが、宗祖・日蓮の教えにふさわしい行動だったのか。あるいは、これら両者の行動を、統一的に理解する方法はあるのか。これは、非常に難しい問題であって、かるがるしく私見を提示できるような問題ではない。

　とりあえずここでは、次の二点のみを指摘しておきたい。

　一点目。日蓮の『種種御振舞御書《しゆじゆおんふるまいごしよ》』に、「日蓮は幼若の者なれども、法華経を弘むれば、釈迦仏の御使ぞかし。僅かの天照太神正八幡なんどと申すは、此の国には重けれども、梵釈、日月、四天に対すれば、小神ぞかし」という言葉がある。小笠原日堂師も、本書の「はしがき」で、この言葉を引いている（若干、文言が異なるが）。強烈な気迫であり信念である。宗教者たるもの、この信念と気迫なくして、国家権力に立ち向かうことはできない。法華宗（旧本門法華宗）が、戦時中の弾圧に耐え、それを跳ね返すことができたのも、宗祖・日蓮に由来する、この信念と気迫であったと思う。その意味において、戦時中に法華宗（旧本門法華宗）がとった行動は、宗祖・日蓮の教えに沿ったものであった。

　二点目として、この時期、過激な行動に走った一部の日蓮主義者にとって、国家権力の支配に服そうとしない法華宗（旧本門法華宗）の態度は、きわめて不遜なものと目障りな存在として映ったことであろう。これが、いわば「内部」からの告発となり、国家権力による弾圧を誘導した可能性は、十分にありうると考える。

＊　＊　＊　＊

曼陀羅国神不敬事件について知るためには、本書『曼陀羅国神不敬事件の真相』が第一級の資料である。しかし、同事件にいたる歴史的経緯を、少し補足しておいたほうがよいだろう。

事件より九年さかのぼる一九三二年（昭和七年）一〇月一日に、内務省警保局が、龍吟社から発行予定の『日蓮聖人御遺文講義』について、不敬の文字ありとして、これの削除を命令している。日蓮系の宗派あるいはその教義は、すでにこのあたりから、当局によってマークされていたということである。

一九三五年（昭和一〇）一二月八日、神道系の新興宗教「大本」（「大本教」は俗称）に対する、大がかりな宗教弾圧「第二次大本事件」（第二次大本教事件）が始まった。

一九三六年（昭和一一）九月二八日、神道系の新興宗教「扶桑教ひとのみち教団」（「ひとのみち」は略称）の御木《みき》徳一《とくはる》初代教祖が、信者の娘一五歳に対する「強姦」の嫌疑で逮捕された。翌年の四月五日、御木徳一初代教祖が不敬罪で追起訴されるとともに、御木徳近《とくちか》教祖（二代目）、湯浅眞生をはじめとする准祖らの最高幹部が検挙された。また内務省は、同日、「ひとのみち」に対し、治安警察法第八条第二項によって、結社禁止を命じることを決定した。これら一連の弾圧を、「ひとのみち事件」と呼ぶ。

一九三七年(昭和一二)三月二六日、日本神職会会長である徳重《とくしげ》三郎が、曼陀羅(曼荼羅)に天照太神・八幡大菩薩を載せるのは不敬であるとして、日蓮宗を告発した。

一九三八年(昭和一三)七月二〇日には、慶応大学教授の蓑田《みのだ》胸喜《むねき》が、小冊子『本門法華宗の神祇観に就いて』を発行し、日蓮の教えは國體反逆思想であるとしたという。ただし、この文献は、国立国会図書館にもなく、解題者は、その内容を確認していない。

一九三九年(昭和一四)四月八日に「宗教団体法」が公布され、これが翌年四月一日に施行された。言うまでもなく、宗教団体の統制を目的とした法律であった。この法案が貴族院に提案された際、荒木貞夫文相は、「惟神《かんながら》の道にたがう宗教は、日本では存在を許されない」と明言した。つまり、「惟神の道」という国家宗教が、あらゆる宗教に優位していることを示すところに、この法律の眼目があったのである。

一九三九年(昭和一四年)、日蓮宗の望月日謙管長が、曼荼羅国神不敬問題に対処するため、身延山久遠寺《くおんじ》に日蓮門下代表約百名を招集し、曼荼羅中より国神(クニツカミ)削除を決議したという。

本書の一九ページにある「身延会議」というのが、これにあたる。本門法華宗は、この決議を受け入れなかったという。

一九四一年（昭和一六）三月二日、本門法華宗・法華宗・本妙法華宗の三派が合同し、「法華宗」が成立した。それから、わずかに一か月あまり後の同年四月一一日、兵庫県警察部、特別高等警察は、「旧本門法華宗」の教義に国神不敬の容疑があるとして、法華宗顧問・三吉日照、教学部長・松井正純、前学林教授・苅谷日任、同・小笠原日堂、同・泉智亘、学林教授・株橋諦秀を検挙した。「曼陀羅国神不敬事件」である。

うち、三吉、松井、小笠原、泉の三師は、それぞれ百余日のあいだ、警察署に留置され取調べを受け、同年七月中に釈放されたた（『護り貫いた信心の燈』巻末年表）。泉師は、病気のため途中で保釈されたという（本書九八ページ）。苅谷日任、株橋諦秀の二師は、七月二一日に起訴され、翌一九四二年（昭和一七）四月一〇日に予審が終了し、神戸地裁の公判に付されることになった。二師は、この日になってようやく保釈された。二師に対する拘束は、実に一年間に及んだことになる。

この間、一九四一年（昭和一六）五月一五日には、全面改正された治安維持法が施行されている（昭和一六年勅令第五五三号）。その第七条に、「国体ヲ否定シ又ハ神宮若ハ皇室ノ尊厳ヲ冒瀆スベキ事項ヲ流布スルコトヲ目的トシテ結社ヲ組織シタル者又ハ……」とあるのは、宗教に対する弾圧を企図したものであった。

こうした経緯を把握するには、法華宗宗門史編纂委員会著の『法華宗宗門史』が便利である。同書は、一九八八年(昭和六三)刊で、発行所は「法華宗(本門流)宗務院」。また、インターネット上の記事「近代日蓮宗における宗教統制」も、よくまとまっていて有益である。なお、本書『曼陀羅国神不敬事件の真相』が提起している問題に関わるであろう参考文献の一部を、巻末に掲げておいた。

*　*　*　*

本書の冒頭には、新村出《しんむらいずる》の推薦文「法難史の教訓」が置かれている。新村出は、『広辞苑』の編者として知られる、言語学の泰斗である。新村は、「法華会」に所属する日蓮主義者であった。

新村は、右推薦文の最後のほうで、「昭和法難とも称せられる所の曼陀羅国神不敬事件の真相の如きも、単に日蓮上人の信徒、法華経の信奉者のみを奮励せしむるばかりではなく、普《あま》ねく仏教界、宗派の如何を問わず、各宗の僧俗にも、且つまた他教の信者にも、好箇の参照的史鑑となること疑ない」と述べている。この「法難」を教訓(カガミ)とせよというのである。重い言葉である。二一世紀にいたった今日の日本において、宗教関係者が、あるいは日本人一般が噛みしめなければならない言葉である。

一九三五年一二月の「第二次大本事件」と、一九三六年九月の「ひとのみち事件」は、昭和前期における宗教弾圧事件を代表するものであるが、両事件の間には、一〇か月ほどのタイムラグがあった。そのタイムラグの間に、扶桑教ひとのみち教団奉仕員総連盟東京地方連盟が発行した『ひとのみちに対する誤解を一掃す』(一九三六年三月一〇日)というパンフレットがある。先日、これを読んでみたところ、中に次のような一節があった。

第一は既成宗教団の恐怖　本教団開設以来十一年、僅かな年月の間に教勢がこんなに発展した事実は、世界宗教史上に例がない、とまで評せられるに至りました。これは、既成宗教諸団体の堪へ得る所ではないのであります。このまゝ手を拱《こまぬ》いて傍観してゐたならば、自己の宗教的領分を蚕食せらるゝに相違ないといふ、烈しい恐怖を起したのであります。そして何とかして年若きこの強敵を早く打ち倒さんものと躍起となつた、その結果は、いろいろの陰謀、術策をめぐらし、あらぬ虚妄の言葉をならべたて、本教団に対する讒誣《ざんぶ》、中傷の声を盛んならしめたのであります。たまたま大本教の検挙が始まるや、絶好の機会とばかり、それに巧くからませて、大本教類似の邪教であるかの如き観念を世人に起させようと努力しましたが、中には、本教団を傷つけようとして、逆に当局の取調を受け、疑獄の端を握られた事実などもあるさうであります。

ひとのみち教団は、直前に起きた「第二次大本事件」から、ほとんど何も学んでいない。同教団に対し、「既成宗教諸団体」から、中傷があったというのは事実であろう。しかし、宗教弾圧を企図し実行するのは、あくまでも国家権力である。このことに、このパンフレットは、気づいていない。また、「大本教類似の邪教」という言葉が問題である。大本教は邪教だが、ひとのみちは邪教でないと言いたいのだろう。しかし、大本教であれ、ひとのみちであれ、また既成宗教であれ、新興宗教であれ、国家権力が、その政策を遂行する上で、障害となるような宗教は、すべて国家権力によって、「邪教」とされるのである。このパンフレットには、そうした視点が皆無である。

ひとのみち教団は、あまりに無防備だった。これでは、国家権力の弾圧に対しては、とても抵抗できなかったであろう（事実、抵抗できなかった）。

一方で、戦時中の法華宗（旧本門法華宗）が、宗教弾圧に抗した姿勢は、注目に値する。特に、一九四四年（昭和一九）八月二六日の控訴審判決において、「無罪」を勝ち取ったことは、近代日本宗教史上、近代日本裁判史上、あるいは昭和史・戦中史上において、特筆すべき大事件である。この無罪判決を勝ち取るまでに、関係者が払った、文字通り生命を賭しての努力を綴った箇所は、まさに本書のハイライトであり、もっとも読みごたえのある部分である。

＊　＊　＊　＊

私たちは、本書から、多くの教訓を学びとることができる。いや、今日の私たちは、本書から、多くの教訓を学びとらねばならない。

戦前の日本においては、国家が宗教に優位し、宗教をそのコントロール下に置いた。コントロールに従わない宗教・宗派は、「邪教」として弾圧された。戦時下にあっては、国家そのものが宗教国家と化し、すべての国民に対し、神社参拝などの「宗教行事」を強制した（本書巻末の「広島殉教記」を見よ）。

戦後においては、そうした反省から、国家は宗教に干渉しない、国家は宗教教育をおこなわないなどの原則が守られてきた。だが、油断はできない。

近年の政治的・社会的動向を見ると、かつての「昭和法難」と同様な事態が、いつ再現されてもおかしくない。

すでに、全国の小中学校・高校では、式典に際し、「日の丸・君が代」が強制されている。日の丸に対して起立しなかった教員や君が代の演奏を拒否した教員が、処分されている。すでに『心のノート』なるものによって、児童生徒の「心」が誘導され、さらにこのあと、「道徳」の教科化が準備されているという。徐々に、しかし着実に、国家が個人の「思想・良心」に踏み込むようになってきている。

また最近、一部のマスメディアにおいて、「国賊」などの言葉が使用されるケースがあらわれてきた。まさに、戦中にタイムスリップしたかの感がある。

まだ、報道機関や宗教団体に対する弾圧が始まったというわけではないが、このまま右のような事態が推移してゆけば、いずれは、「平成法難」といった情況にいたる可能性はある。そうした意味において、戦中の「昭和法難」を描き、それに立ち向かった法華宗（旧本門法華宗）の奮闘ぶりを記録した本書は、まさにいま読まなくてはならない一冊であると信ずる。

なお、本翻刻版には収録しなかったが、本書第三版には、松井孝純師による「跋」が付されている。その中の一節を引用して、本解題の結びとする。

法難は忘れた頃にやって来るんだ、そのことを常に肝に命じておかねばならぬ、そのやってくる法難のパタンは、同一周軌であるぞということを教える本書は、その意味から重要な史実として、宗教者が座右に置き、絶えず読んでは反省の資とすべきものである。

参考文献（未見のものを含む）

- 山川智応『御本尊御遺文問題明弁』信人社、一九三九
- 株橋諦秀「曼陀羅不敬事件の真相」『大法輪』一九六九年八月号
- 石川康明「近代日蓮主義の思想と行動」『所報』（日蓮宗現代宗教研究所）第四号、一九七〇年三月
- 藤田晃道『宗門秘聞　不敬事件外伝』（孔版）一九七一
- 戸頃重基『近代社会と日蓮主義』評論社、一九七二
- 田村芳朗＋宮崎英修編『日本近代と日蓮主義』（講座日蓮4）春秋社、一九七二
- 笠原一男編『日本宗教史年表』評論社、一九七四
- 石川康明「日蓮門下教団と『不敬』問題」『現代宗教研究』（日蓮宗現代宗教研究所）第九号、一九七五年三月
- 戸頃重基『日蓮教学の思想史的研究』冨山房、一九七六
- 村上重良「治安維持法による宗教弾圧」『季刊現代史』第七号、一九七六年六月
- 中野教篤編『戦時下の仏教』（講座日本近代と仏教6）国書刊行会、一九七七
- 松井日宏『法華を生きる』東方出版、一九八一
- 近代日蓮宗年表編集委員会＋日蓮宗現代宗教研究所編『近代日蓮宗年表』同朋社出版、一九八一

●村上重良「宗教団体法と神祇院」『法学セミナー』第三六三号、一九八五年三月
●法華宗宗門史編纂委員会『法華宗宗門史』法華宗宗務院、一九八八
●影山尭雄編『新編日蓮宗年表』日蓮宗新聞社、一九八九
●田村芳朗『日本仏教論』〔田村芳朗仏教論集2〕春秋社、一九九一
●法華宗昭和法難五〇周年顕彰会編『護り貫いた信心の燈』法華宗宗務院、一九九一
●石田日信「『昭和法難・曼荼羅国神不敬事件』彼我の群像」〔法華宗昭和法難七〇周年記念遺徳顕彰法恩法会　記念講演録〕『桂林學叢』第二四号、二〇一三年三月
●大平宏龍「『昭和法難』私見」『法華仏教』第一七号、二〇一三年一二月
●大平宏龍「戦時体制下の日蓮門下――曼荼羅国神不敬事件と天皇本尊論」西山茂責任編集『シリーズ日蓮』第四巻、春秋社、二〇一四、所収

＊このほか、『仏教年鑑』、『特高月報』、『内務省警保局資料』の各号に、重要な情報が含まれている。

原ルビ一覧（ページ、語句、ルビの順に示す）

一三　果（このみ）
一四　闘諍堅固白法隠没（とうじょうけんごびゃくほうおんもつ）
一四　繞（めぐ）
二八　相（すがた）
六一　法悦（よろこび）
六一　身心快然（しんしんけいねん）
六一　勇躍歓喜（ゆうやくかんぎ）
六一　理解（わかつ）
六一　身心（からだ）
六一　解（さとり）
六三　脳（あたま）
六三　寝（やす）
六四　稟承（ボンジョウ）
六四　芥子（ケシ）
六五　箱（なか）
六七　今暁（けさ）
七六　堕（おと）
一一八　籠（かご）
一一六　年比（トシゴロ）
一二五　天照坐皇太神（あまてらしますすめらおゝみかみ）
一三〇　相（スガタ）
一三〇　相（スガタ）
一三九　前（さき）

注記・解題者略歴
礫川全次（こいしかわ・ぜんじ）
1949年生まれ。在野史家。歴史民俗学研究会代表。
著書に、『史疑　幻の家康論』、『戦後ニッポン犯罪史』、『大津事件と明治天皇』、『サンカ学入門』、『攘夷と憂国』、『日本保守思想のアポリア』（批評社）、『サンカと三角寛』、『知られざる福沢諭吉』、『アウトローの近代史』、『日本人はいつから働きすぎになったのか』（平凡社新書）、『サンカと説教強盗』、『異端の民俗学』（河出書房新社）。共著に、『攘夷と皇国』（批評社）。編著書に、歴史民俗学資料叢書（第1期、第2期、第3期・各全5巻）、小泉輝三朗『明治黎明期の犯罪と刑罰』、尾佐竹猛『下等百科辞典』（批評社）、中山太郎『タブーに挑む民俗学』、喜田貞吉『先住民と差別』（河出書房新社）ほか。

戦時下宗教弾圧受難の血涙記
曼陀羅　国神不敬事件の真相（初版）［翻刻版］

2015年2月25日　初版第1刷発行

著者……………小笠原日堂

注記・解題……礫川全次

発行所…………批評社
〒113-0033　東京都文京区本郷1-28-36　鳳明ビル102A
電話……03-3813-6344　　fax.……03-3813-8990
郵便振替……00180-2-84363
Eメール……book@hihyosya.co.jp
ホームページ……http://hihyosya.co.jp

組版……………字打屋
印刷・製本……モリモト印刷㈱
装幀……………批評Design

乱丁本・落丁本は小社宛お送り下さい。送料小社負担にて、至急お取り替えします。

ISBN978-4-8265-0614-4 C3014